GRIAN

RETORNO AL JARDÍN

EDICIONES OBELISCO

Si este libro le ha interesado y desea que le mantengamos informado
de nuestras publicaciones, escríbanos indicándonos qué temas son de su interés
(Astrología, Autoayuda, Psicología, Artes Marciales, Naturismo,
Espiritualidad, Tradición…) y gustosamente le complaceremos.

Puede consultar nuestro catálogo en www.edicionesobelisco.com

Colección Narrativa
RETORNO AL JARDÍN
Grian

1.ª edición: febrero de 2024

Maquetación: *Isabel Estrada*
Diseño de cubierta: *Enrique Iborra*

© 2023, Grian
(Reservados todos los derechos)
© 2024, Ediciones Obelisco, S. L.
(Reservados los derechos para la presente edición)

Edita: Ediciones Obelisco, S. L.
Collita, 23-25. Pol. Ind. Molí de la Bastida
08191 Rubí - Barcelona - España
Tel. 93 309 85 25
E-mail: info@edicionesobelisco.com

ISBN: 978-84-1172-110-3
DL B 19800-2023

Impreso en los talleres gráficos de Romanyà/Valls S. A.
Verdaguer, 1 - 08786 Capellades - Barcelona

Printed in Spain

*A Jose Chamorro, que lleva media vida esperando
este libro y a quien tanto cariño y buenaventura
le debo.*

*A Donald Smith, que conoció al jardinero
en Escocia y lo recibió en su obra, y que tanto
ha insistido en que este libro viera la luz.*

*A Michael Bracken, que abrió la puerta al sendero
de la mariposa desde el otro lado del Padre Océano.*

A Marta Ventura, que sabe quién es.

*A la «Comunidad del Jardín», que vieron llegar
antes que nadie al viejo jardinero y acogieron
sus palabras durante más de un año, y a Kety,
que recibió su visita.*

*A quienes no se dejan intimidar por las dudas y los
desprecios del modernismo materialista, cosmovisión
perpetradora del cambio climático y la extinción
masiva de especies (con mi personal guiño a Bruno
Latour, allá donde está).*

Un día especial

S e había despertado muy temprano, con la sensación de que aquél iba a ser un día especial. Se había lavado la cara con el agua fría del aguamanil y se había sentido revivir tras una noche de incesantes sueños. Miró su imagen en el redondo espejo y decidió que aquel día iría con el cabello suelto, como cuando era una niña y se miraba en el espejo del Manantial de las Miradas, con la melena lacia enmarcando sus mejillas.

«¿Y si comienzo este día visitando el Manantial de las Miradas? –pensó para sí mientras peinaba su larga melena negra–. Si éste tiene que ser un día especial, ¿por qué no comenzarlo en un lugar tan singular?».

Recorrió las calles con paso apresurado, saludando a diestra y siniestra a vecinos y vecinas, haciendo comentarios afectuosos a los ancianos sentados en los poyos de sus casas. La joven de los ojos negros era bien querida en el pueblo. Y aunque si fuera por su timidez no hubiera saludado a nadie por no dejarse ver, sabía que a la gente le gustaba saludar e intercambiar cuatro palabras con sus vecinos. Y, además, sentía que su contribución a la vida en sociedad, que tantas ventajas le proporcionaba, debía incluir el hacer que la gente con la que se relacionaba se sintiera bien.

Cuando llegó al jardín, la asaltó una sensación inusual, como si un sentimiento gozoso se cerniera sobre el lugar, pero se le ocurrió pensar que quizás todos los seres en el vergel habían comenzado a anticipar la primavera. Se adentró por veredas y senderos en su recorrido hasta el manantial, pero no dio en encontrarse con el jardinero. «Estará en la zona del estanque», pensó, y siguió su recorrido entre los rostros sonrientes de los narcisos, que se asomaban en los parterres para verla pasar.

Finalmente, tras el recodo que un inmenso matorral de madreselvas había construido en torno al tronco de un álamo vencido, la joven de los ojos negros se asomó al claro del viejo manantial… y se detuvo en seco.

No esperaba encontrar allí a nadie a primeras horas de la mañana.

—Hola –dijo al desconocido con una leve sonrisa, reiniciando sus pasos de nuevo, ahora más despacio.

—Buenos días –respondió el desconocido, un hombre mayor, de barba y largos cabellos blancos.

Impenitente observadora, la joven de los ojos negros le miró con atención. Estaba sentado en el borde de la alberca, y llevaba una túnica corta de lino crudo y unos calzones de algodón, con una toga de color teja cruzándole el pecho. Unas sandalias de cuero le cubrían los pies, y apoyaba las dos manos en un largo bastón de madera de roble.

—No le había visto nunca por aquí –dijo ella acercándose al muro de la alberca, a un metro escaso de él.

Intuitiva como una dríada, por su mirada supo que no había nada que temer de aquel hombre de cabellos blancos.

—Sí, hace mucho tiempo que no venía al jardín –dijo el hombre esbozando una sonrisa nostálgica–. En otra vida, este jardín fue la luz de mis días.

La muchacha frunció ligeramente el entrecejo al escuchar aquellas palabras.

—¿Vienes a menudo al Manantial de las Miradas? –preguntó el hombre dulcemente.

—Sí –respondió ella–. Cuando algo me perturba y me quita la paz, vengo aquí a mirarme en el espejo de la alberca... y entonces recuerdo quién soy.

El hombre sonrió satisfecho, y un destello en su mirada le indicó a la joven que él sabía de lo que ella hablaba.

—Es la sabiduría de los espejos –dijo el hombre mirando a las aguas del manantial–, sobre todo de los espejos naturales, como éste.

»Reflejar es el poder de quien ha perdido toda forma e identidad –continuó el hombre–. Y cuando tú te conviertes también en espejo, lo que queda es la Vida mirándose a sí misma, la Luz reflejándose a sí misma hasta la eternidad.

—Se desvanecen los espejismos y queda sólo el misterio primigenio –continuó la joven de los ojos negros siguiendo el hilo de sus reflexiones.

El hombre la observó admirado. Aquella hermosa joven «sabía».

Ella le devolvió la mirada y, en el encuentro de los ojos, ambos *supieron* que el Misterio se contemplaba a Sí Mismo.

El sonido de unos pasos los sacó a ambos del hechizo y se volvieron a mirar quién venía. Un hombre aún joven, fornido y con una barba tupida y negra, asomó por la vereda y, al verlos, se detuvo con los ojos muy abiertos.

—¡Oh, es el jardinero! –dijo la joven al verle, extrañándose a continuación por la actitud del recién llegado.

—Mi aprendiz –dijo en un susurro casi inaudible el hombre del cabello blanco.

Y el recién llegado se precipitó corriendo en brazos del hombre de los cabellos blancos.

—¡Maestro! –exclamó, rompiendo a llorar como un chiquillo sobre su hombro–. Mi amado jardinero, mi amado jardinero…

El hombre mayor soltó su largo bastón de madera de roble y se abrazó con fuerza, con toda su alma, a su aprendiz.

La muchacha de los ojos negros recordó la sensación que había tenido al despertar.

—Sí… –dijo en un susurro, contemplando a los dos hombres con una sonrisa–. Sin duda, el día va a ser muy especial.

Una inesperada llegada

Había visto venir al jardinero desde la distancia aquella mañana. Iba andando plácidamente por el camino que desde el mar se dirigía a la comarca. Aquel día había decidido que sus silfos descansaran y que dejaran de arrancar de los árboles las pertinaces hojas viejas del otoño. Y él, el Espíritu del Viento, se había sentado sobre una roca, en las alturas de un despeñadero que se asomaba sobre el camino, para ver pasar a los viajeros y disfrutar del Sol, para contemplar las verdes praderas del preludio de la primavera. Hacía semanas que los Días del Alción, los más serenos del invierno, habían quedado atrás, pero quién podría resistirse al hechizo de la belleza de la Tierra bajo la aún oblicua luz invernal.

El jardinero y él se habían visto con frecuencia durante los años en que aquél había estado lejos del jardín, incluso durante su deambular por lo más lejano del Oriente, y habían conversado como dos viejos amigos acerca de experiencias y sentimientos, de expectativas, proyectos e ilusiones. Pero el jardinero no le había dicho que iba a volver al jardín, por eso le extrañó tanto verle venir por el sinuoso camino, con aquella manera de caminar tan característica, ladeando ligeramente hacia fuera la punta del pie derecho a cada paso. Aquella manera de andar era perfectamente reconocible para él a muchas millas de distancia.

Se puso en pie gozoso, extendiendo su enorme envergadura y su traslúcido y azulado cuerpo, y sintió que su poderoso pecho se dilataba e iluminaba, mientras sonreía dichoso y sentía algo parecido a unas lágrimas empañando sus ojos.

Pensó en ir a recibirle para entregarse mutuamente a un prolongado abrazo, pero desestimó la idea de inmediato. Si algo les sobraba era el tiempo. Ya se verían en el jardín. Lo que había que hacer ahora era preparar su llegada, susurrar con las brisas la noticia en los oídos de todos los seres, adecentar los senderos del jardín y limpiar las aguas inquietas del arroyo cantor, rizar con un soplo la superficie del estanque y aquietar las aguas cristalinas del Manantial de las Miradas, para que el jardinero pudiera ver reflejados sus propios ojos en la alberca.

A una orden suya, todos los silfos de la región se pusieron en pie de un salto y se elevaron vertiginosamente en las alturas, para precipitarse de inmediato a realizar las tareas encomendadas. Unas brisas húmedas procedentes del este recorrieron la región, acumulando hojas secas y ramitas rotas en los rincones de la quietud, agitando los brazos de encinas y pinos para que despertaran y adoptaran su aspecto más lozano, esparciendo sus ingrávidos aromas por los caminos y las veredas por los que pudiera transitar el jardinero.

Y el Espíritu del Viento recorrió la comarca anunciando el inminente regreso de su amigo, y todos los seres en comunión con la Tierra entendieron sus palabras. Pero, de todos, el que más se alegró fue un pequeño herrerillo.

A las puertas del jardín

El jardinero llegó a las puertas del jardín y encontró la cancela abierta. Su antiguo aprendiz debía estar ya cuidando de árboles, matorrales y lechos de flores... si es que seguía siendo él quien cuidaba del lugar. Después de tantos años de ausencia, quién podía saber lo que había ocurrido allí. Al menos, el jardín parecía seguir existiendo.

Sí, habían pasado muchos años desde su partida. En realidad, echando la vista atrás, había pasado toda una vida, pues el tiempo se dilata misteriosamente cuando se viven los días con intensidad, cuando la Vida te ofrece a diario paisajes nuevos y la monotonía no entona sus insistentes sonsonetes durante semanas, o meses. Tantas experiencias, tanta belleza contemplada en paisajes insospechados, tantas gentes de costumbres sorprendentes, de culturas insólitas, tantas verdades inimaginables en el espíritu y en las cosmovisiones de pueblos tan lejanos e ignorados... Y tantas personas con las que compartió sus días en todos esos años, muchas de ellas queridas, incluso amadas, sabiendo que, tras su breve encuentro en la existencia, jamás volverían a estrecharse en un abrazo.

El jardinero regresaba con las alforjas llenas de experiencias, de aprendizajes, pero sobre todo de Vida. La misma Vida que le había pedido que partiera hacia el lejano horizonte, con la intención de nutrirse en lejanas miradas y nutrir corazones sedientos y extraños, de sembrar territorios olvidados de los hombres y de dejarse sembrar por la sabiduría de otros paisajes, de otros pueblos y generaciones de pueblos.

Cerró los ojos por unos instantes. Estaba a punto de cerrar el círculo que abriera en el distante pasado, el sendero que tuviera su inicio en el bosque viejo, cuando aquel mítico ser le llevó a los reinos de Luz de donde provenía, despertando así del largo sueño de los humanos. Había cumplido con el cometido asignado a su alma en las playas de la eternidad, siendo ahora libre para volver allí donde su alma le pedía regresar.

Cuando abrió los ojos, una lágrima trémula se cernía sobre el abismo, asomada a su párpado inferior. Allí terminaba aquella larga fase de su existencia, y podría entregarse al solaz de su mundo más íntimo y querido. Al menos, durante un tiempo, por breve que fuera.

Aferrando con fuerza su bastón, retomó el paso de nuevo y atravesó los umbrales del jardín. Estaba en casa otra vez.

El reencuentro

Adentrándose por la vereda principal, el jardinero se encontró de inmediato con su antiguo hogar, la cabaña que construyera con sus propias manos y en la que tantos instantes maravillosos había vivido. Y, junto a la puerta, se llenó de gozo al ver a su pequeña planta, la que había sido su preferida en el jardín. Se había convertido en un arbusto precioso, y comenzaba a prepararse para lanzar al mundo sus pequeñas florecillas blancas primaverales. Y el jardinero, como hiciera antaño, la saludó y le acarició las hojas, asegurándole que volvería con más tiempo uno de aquellos días para hablar con ella.

Cada pocos pasos, el jardinero se encontraba con árboles y arbustos bien conocidos por su alma, aunque casi irreconocibles ahora por su tamaño. A todos los saludaba y todos le respondían reconociéndole, a pesar del tiempo transcurrido. Pero, claro está, había muchos árboles y arbustos nuevos, que no sabían quién era, y plantas y matorrales que no habían llegado a conocer la ternura de sus manos. Sin embargo, el jardín era el mismo, pues su aprendiz parecía haber mantenido el diseño original del vergel, con sus senderos sinuosos y sus macizos de flores escalonados, con las rocallas de pétalos multicolores y los árboles combinando tonos de verde, texturas, formas y tamaños.

Sí, era su jardín, el jardín que tantos años atrás creara con sus propias manos. Muchas de sus plantas quizás fueran diferentes, pero ahí estaban, saludándole a su paso, muchos de los árboles que él mismo había plantado. ¡Qué altos y qué grandes se habían hecho! Aunque también echó en falta a algunos otros. Quizás una helada, alguna enfermedad…, un rayo incluso…, debían haber acabado con sus vidas.

No hallando a nadie en los senderos, el jardinero se entregó dichoso a la dulce y conmovedora experiencia del reencuentro. Se acercó hasta el arroyo para escuchar el canto de sus aguas como en los viejos tiempos, cuando necesitaba dejar de pensar y sumirse en el presente. Reposó su corazón caminando lentamente por el paseo de los tilos, y se dirigió anhelante al encuentro del roble de la fuente. A él se abrazó, y se dejó llevar por la emoción. Con sus lágrimas, le transmitió en un instante las experiencias y el aprendizaje de tantos años de viaje, la dicha y el profundo dolor sentidos, las esperanzas y los anhelos albergados, las angustias y los temores soportados, los sueños y pesadillas de tantas noches de incertidumbre, las imágenes indelebles de tantos lugares, tantos paisajes como había atravesado, y tantas gentes y pueblos como había conocido. Y el roble le devolvió sus lágrimas convertidas en perlas al contacto con su aromática resina.

Al cabo, y tras beber unos sorbos de agua en la fuente, el jardinero se dirigió al estanque y, trepando a la roca desde la cual se despidiera del jardín tantos años atrás, levantó los brazos al cielo para dar las gracias al infinito por haberle dado la ocasión de regresar. Fue entonces cuando el Espíritu del Viento le vio de nuevo; y, lanzándose sobre él con el ímpetu de sus ráfagas, le abrazó con tanta fuerza que lo levantó en el aire sobre la roca… ¡tanto que a poco no dieron los dos con su ser en las aguas del estanque!

Y todos los árboles y plantas, todas las flores, setas y enredaderas, ardillas y pájaros, hadas, elfos, gnomos y duendes se agitaron al paso de los silfos con la noticia del regreso del jardinero. Y un profundo clamor de dicha, inaudible para los simples mortales, se elevó hacia el cielo desde el jardín, mientras el jardinero, depositado suavemente sobre la roca del estanque por su amigo el Espíritu del Viento, dejaba caer dos gruesas lágrimas al ver que su jardín y la comunidad de seres que lo habitaban no le habían olvidado.

Pero aún le quedaba por visitar un sitio muy especial del vergel.

Prometiendo a todos los seres del jardín que iría a saludarlos de uno en uno durante los días siguientes, el jardinero abandonó el claro del estanque y se dirigió al Manantial de las Miradas. Quería contemplar de nuevo sus ojos enmarcados por las nubes y el cielo azul.

La gota

Con el crepúsculo, tras el recibimiento de la comunidad de vida del jardín, el jardinero buscó el silencio de su corazón como hiciera tantas veces antaño, recorriendo los senderos de aquel edén. En su meditativo deambular, dio en pasar por las orillas del estanque, y de pronto recordó un crepúsculo similar en aquel mismo lugar. Eran los tiempos en que la locura de amor que sentía por Aquello que había venido a llamar a la puerta de su alma le impedía ver que quien golpeaba suavemente en su pecho no lo hacía desde fuera, sino desde dentro.

Después de sentarse en la hierba, junto a un denso matorral de papiros que dormitaba a la orilla del estanque, las primeras estrellas de la noche acogieron en silencio sus palabras:

—No son mis labios más que los labios del Misterio, que habita ya lo que en otro tiempo no era más que carne y sangre. Dos conviviendo estrechamente y uno siendo, el que porfiaba y lloraba por la unión sosegó al fin su anhelo, mudo ante el enigma que su razón ni en mil vidas hubiera podido penetrar.

»Calló y contempló anonadado lo que acontecía dentro de sí y en sí, abrumado por la maravilla insospechada del doble Único, sumido en una serenísima congoja, en la dulcísima nostalgia de una paz infinita.

»"Soy luz…", intentó decir.

»"No… Yo soy la Luz", le corregí tiernamente.

»Y mi yo terrestre, mudo de nuevo, cesó en su intento de discernir quién hablaba por sus labios, quién le hacía levantarse del lecho por las mañanas antes incluso de haber tomado la decisión, quién miraba a través de sus pupilas y se compadecía en su corazón por el dolor de sus semejantes.

»Hasta que, un día, volvió a tomar la palabra para musitar íntimamente: "El Misterio habita en mí".

»Desde entonces, ya no se sabe quién habla y quién calla.

En aquel instante, en la superficie del estanque se escuchó el leve rumor de una única gota de agua caída del cielo.

Dos jardineros

Con el transcurso de los días, la presencia del viejo jardinero se fue haciendo habitual; incluso pareció recobrarse la «normalidad» de antaño. Claro está que ahora había dos jardineros en el lugar, y no un jardinero y su aprendiz. Pero el viejo jardinero rechazó desde un principio la prominencia y el protagonismo de otro tiempo, prefiriendo ponerse a las órdenes de su antiguo aprendiz en los trabajos del vergel, a pesar de los reiterados ruegos de éste para que retomara él la dirección del jardín.

—Las cosas no son lo que parecen –le dijo el jardinero en una de estas ocasiones al que hubiera sido su aprendiz–, y sé que, más pronto o más tarde, deberé partir de nuevo. No conviene que sometamos a la comunidad de vida del jardín a los vaivenes de sucesivos cambios de cuidador. Además, a la vista está que me superaste hace mucho en esta labor. Dejemos que la Vida siga su curso, y nosotros con ella.

En lo que no hubo que debatir fue en lo referente al lugar en el que haría su morada el jardinero, pues se acomodó en su antigua cabaña. El joven jardinero se había casado hacía pocos años con una joven de la ciudad, que había aparecido un día por el jardín y de la que se había enamorado locamente casi desde el momento en que la conoció. El joven jardinero le contó a su mentor, con un evidente rubor en las mejillas, que, tras un apasionado romance e innumerables encuentros en la ciudad, decidieron formalizar su relación y se construyeron una cabaña más grande, no muy lejos de la cabaña del viejo jardinero.

—Yo siempre sentí que regresarías, maestro —le confesó el joven—, y por eso pensé que sería mejor conservar tu hogar intacto para cuando retornaras. Además, mi esposa y yo tendremos descendencia más pronto que tarde, y la nueva cabaña nos ofrece el espacio suficiente para sacar a una familia adelante.

Pero había algo que inquietaba al joven jardinero y que, por distintos motivos, no había tenido ocasión de preguntar a su maestro. Le explicó que un joven, más o menos de su edad, había llegado al jardín buscando al sabio jardinero alrededor de un año después de su partida. Al describir el aspecto del recién llegado le habló de su intensa y soñadora mirada.

—Por lo que me dijo, maestro —continuó el joven jardinero—, te apareciste a él en un sueño para decirle que fuera a tu encuentro. De modo que partió en tu busca al cabo de un año de haber llegado aquí, un verano.

Con una mirada anhelante, el antiguo aprendiz preguntó finalmente:

—¿Lo viste, maestro? ¿Logró al final dar contigo?

—¡Oh, sí! Descuida —respondió el jardinero—. Me encontró. Y ya no se separó de mi lado en todos estos años.

—¿Y cómo es que no ha venido contigo? —preguntó inquieto el joven jardinero—. ¡No me digas que le ha ocurrido alguna desgracia! Llegamos a querernos como hermanos y…

—¡No, no! Tranquilo, hijo —se apresuró a responder el jardinero—. No le ha ocurrido nada. Simplemente, es que yo me he adelantado. Él está en camino, y podréis abrazaros de nuevo en unos meses.

El joven jardinero lanzó inconscientemente un suspiro de alivio, mientras su mentor continuaba:

—Él me habló de vuestra profunda amistad y de algunas de las cosas que ocurrieron aquí mientras él compartió cabaña y faenas del jardín contigo. Ahora vuela alto en alas del espíritu, y lleva de la mano a otras personas al encuentro de su mejor esencia. Allá donde hemos ido en todos estos años, él ha sido quien más empeño y tiempo ha puesto en enseñar a los más jóvenes a pensar y a ver, con los ojos del corazón, la realidad que nos envuelve. Ha sido un gran apoyo en mi vida y mi labor lejos del jardín.

Y con una leve sonrisa, posando su mano en el hombro del joven jardinero, añadió:

—No sufras por él. En unos meses estará aquí sano y salvo. Sólo es que a mí se me facilitaron las cosas y pude adelantarme.

Sosegada ya su alma, el joven jardinero regresó mentalmente a su mundo cotidiano y dijo:

—Me voy a la Vereda de las Lilas, a ver si puedo evitar que las larvas de unas mariposas nocturnas arruinen la floración. ¿Te vienes y me dices qué puedo hacer sin que nadie resulte dañado?

—¡Por supuesto! —exclamó el jardinero, feliz de ver que su antiguo aprendiz intentaba resolver los problemas del jardín como le había enseñado él, del modo menos lesivo para cualquier forma de vida y el entorno.

—Por cierto —continuó el joven jardinero, mientras tomaba las herramientas e iniciaba el camino hacia la Vereda de las Lilas—, ¿te contó tu amigo el de la mirada soñadora que a punto estuvo de arruinar la floración de los lilos en su primera primavera, al comenzar a podar las ramas viejas de los árboles?

—¡No me digas que hizo eso!

—Menos mal que me di cuenta a tiempo porque, si no, habría hecho un estropicio de…

Y los dos jardineros se alejaron por el sendero que llevaba a la Vereda de las Lilas, conversando tranquilamente de cosas de jardineros.

El gato blanco

Un gato blanco y desgarbado, con una mancha parda en la cabeza, se asomó a la puerta de la cabaña del jardinero y se le quedó mirando desde sus cristalinos y cautivadores ojos azules, como pidiendo permiso para entrar.

—Puedes pasar. Estás en tu casa –le dijo el jardinero.

Pero el animal no parecía atreverse a entrar. No dejaba de observar al jardinero, en silencio, como si hubiera algo que le extrañara en él.

—Entiendo tu extrañeza –le dijo el jardinero tiernamente–. Supongo que nunca has visto a un humano tan insólito como éste. Pero te acostumbrarás a mí. ¡Adelante, entra!

Y el gato entró, cimbreando su larga cola parda con la punta blanca apuntando al cielo, observándolo todo a su alrededor, hasta llegar a los pies del jardinero. Una vez allí, se sentó y levantó la cabeza para mirarle de nuevo.

Humano y felino se estuvieron mirando a los ojos durante muchos segundos, como transmitiéndose información importante que ambos podían comprender.

En aquel preciso momento, el joven jardinero se asomó a la puerta de la cabaña.

—Maestro, ¿quieres venir a almorzar con mi esposa y conmigo? –le preguntó–. Hemos preparado una comida muy especial que, a buen seguro, te encantará.

—¡Por supuesto! –respondió el jardinero alborozado ante la invitación–. Ahora enseguida estoy con vosotros.

Cuando el antiguo aprendiz se hubo marchado, el jardinero volvió a mirar al gato y le dijo:

—¿Ves? La diferencia entre tú y yo es que él a ti no te ha visto, mientras que a mí sí me ve. Y tú ya no comes, en tanto que yo aún puedo hacerlo.

»Si te quedas conmigo –añadió en un cariñoso susurro–, te enseñaré a hacer algunas cosas interesantes.

E inmediatamente añadió con un gesto travieso:

—Y hasta puede que te diviertas gastando bromas a los humanos.

Posibilidades

El jardinero llevaba un buen rato sentado en el suelo, en mitad de una vereda del jardín. Estaba plantando brezos a modo de bordura con el fin de delimitar el camino, cuando, de pronto, escuchó unos pasos infantiles que se acercaban a él por la vereda, a la carrera, hasta detenerse abruptamente a su lado.

—Señor jardinero —escuchó la tierna voz de una niña pequeña junto a su cabeza—, ¿puedo hacerle una pregunta?

El jardinero se volvió hacia la pequeña y no pudo evitar enamorarse de ella. La dulzura de su mirada, la belleza de sus rasgos infantiles y su abrumadora inocencia conmovieron su corazón.

—¿Qué quieres saber, cariño? —le preguntó en un susurro.

—Mi mamá, que es aquella señora que está allí —dijo volviéndose para señalar con la manita a una mujer, que los miraba sonriendo desde la distancia bajo las ramas de un tejo—, me ha dicho que le pregunte a usted algo que ella no sabía responder.

—Puede que yo tampoco sepa responder —dijo el jardinero—. El universo es un nido de misterios. Pero quizás podamos encontrar una respuesta juntos. ¿Cuál es tu pregunta?

—Mi pregunta es: ¿por qué los árboles no se mueven, cuando todos los seres vivos se mueven? –dijo la niña, habiendo vencido ya la timidez inicial con el hombre.

—¿Estás segura de que no se mueven? –preguntó el jardinero a su vez–. Yo diría que sí que se mueven, y que, a veces, incluso bailan.

La niña le miró atónita. Su madre le había dicho que aquel hombre era el que más sabía de árboles. ¿Cómo iba a dudar de sus palabras?

—Yo diría que, cuando los árboles se mueven, hacen que se mueva el viento, ¿no te parece? –continuó el jardinero.

—Yo creía que era el viento el que movía los árboles –contestó la niña.

—Sí, puede ser –respondió el jardinero–, pero también podría ser al revés, ¿no?

Y añadió:

—¿Has estado alguna vez en la playa?

La niña asintió con la cabeza.

—¿Y has visto las olas del mar?

La niña volvió a asentir.

—¿Y qué crees, que es el mar el que empuja las olas o es la playa la que las atrae mientras el mar intenta evitar que la tierra se las trague?

—No lo sé –respondió la niña con los ojos muy abiertos.

—La gente se acostumbra a pensar que las cosas suceden en una dirección, que primero ocurre una cosa y luego ocurre otra –prosiguió el jardinero con su disertación de filosofía infantil–, pero a lo mejor la dirección es al revés, ¿no te parece?

En ese momento, el acebo que se elevaba por detrás del jardinero agitó suavemente sus ramas engalanadas de semillas rojas, al tiempo que una leve brisa cruzaba el jardín. La niña se quedó mirando al árbol sin decir nada, como reflexionando en su interior.

—Puede ser… –dijo al cabo de unos instantes la pequeña–. Puede ser que sea al revés, y que sean los árboles los que mueven el viento.

El jardinero miró a la pequeña con ternura, admirado por el inagotable poder imaginativo de la mente infantil y por su capacidad para admitir nuevas propuestas sin dejarse vencer por las suspicacias propias de los mayores.

Finalmente, el hombre le dijo a la pequeña rascándole la cabeza:

—Nunca dejes que los mayores te arruinen una bonita historia.

La sabiduría de los espejos

U na vez, siendo niña, mirando mi rostro reflejado en el agua cristalina de la alberca, vi a la Divinidad más allá de mis ojos —dijo la joven de los ojos negros.

El jardinero no dijo nada. Simplemente, siguió contemplando a la joven, mientras ésta se miraba en el espejo del Manantial de las Miradas.

—No sentí que fuera extraño lo que me ocurrió —continuó ella—. Aunque, cuando se lo conté a mi madre, me dijo que no fuera hablando de esas cosas por ahí.

La joven levantó la vista del espejo de la alberca para mirar al jardinero.

—¿Por qué a la gente le cuesta tanto admitir que estas cosas ocurren de verdad? —le preguntó.

—Porque les han dicho que lo que ven en su imaginación es «imaginario», que no existe, que es un invento de la mente —respondió el jardinero con una sonrisa triste—. Cuando es al revés. Es la mente la que nace de la imaginación. Al fin y al cabo, todo es imaginación —concluyó, enfatizando la palabra «todo».

—Siempre he intuido algo así —dijo ella sonriendo de pronto—, pero nunca he sabido explicarlo.

La joven se volvió hacia él y se sentó sobre el murete de piedra de la alberca, mientras añadía en tono provocador:

—¡Explícamelo tú, jardinero!

El hombre dejó escapar una risa callada, divertido.

—Una explicación racional jamás podrá dar cuenta de lo que el alma aprehende de forma espontánea, sin mediación de palabra alguna ni razonamiento –dijo él–. Hay filósofos en el mundo que explican estas cosas, pero la razón puede encontrar tanto argumentos a favor como en contra para cualquier asunto que el ser humano pretenda debatir. La razón es como una espada que sólo puede cortar las cosas en dos mitades, y tiene dos filos distintos para hacerlo.

»Por eso la razón no basta, ni es adecuada, para comprender las cosas importantes de la vida, que sólo las desvela la intuición o la experiencia directa del propio entendimiento… cuando, súbitamente, acaece que el pensamiento cesa su incesante parloteo y se torna mudo.

Y, bajando la cabeza, reflexivo, el jardinero añadió:

—Lo que no te desvela la belleza y desmesura de una noche estrellada, de una mirada infantil o de un acto sublime de generosidad, no te lo va a desvelar un exuberante discurso, por brillante que sea el orador.

—Entonces, dame alguna imagen que me permita sumergirme en la idea de un universo donde todo es imaginación –instigó la joven al viejo jardinero.

—Imagina… –dijo el hombre, y cerró los labios, mirando fijamente a la muchacha.

La joven le miró expectante, esperando que continuara.

—Imagina que no hubiera nadie en todo el universo, salvo tú –se arrancó finalmente– y que no existieran más miradas que pudieran contemplar la Belleza que tú has contemplado en tu mirada al imaginar tu imagen reflejada en un manantial imaginado. E imagina que tú anhelaras con toda tu alma compartir con alguien la abrumadora experiencia de tanta Belleza.

»Imagina que, intentando aliviar tu soledad, imaginaras personajes de aspectos y talantes distintos, desarrollando sus cualidades y características con todo detalle en tu imaginación. E imagina que, para darles vida en tu interior, inventaras historias en las que tus personajes se relacionaran, conversaran, discutieran y se reconciliaran, se enardecieran y angustiaran, incluso se amaran y acariciaran.

»Llegaría un momento en que sentirías afecto por tus personajes imaginados, unos personajes que, en última instancia, no serían más que distintos aspectos de ti misma, si bien en tu imaginación habrían tomado ya vida propia, sorprendiéndote con sus decisiones, sus ideas, sus pasiones y esperanzas; desconcertándote con sus anhelos por conocerse y ser conocidos.

»Finalmente, imagina que, en tu anhelo por compartir con alguien la visión que tanto te turbó en el espejo del manantial imaginado, quisieras que los personajes de tus historias te conocieran a ti, su Creadora, para que pudieran conocer tu Belleza al mirarse en el espejo de las aguas de un manantial de ese mundo imaginado, al imaginarte a ti más allá de sus propias miradas reflejadas.

—La sabiduría de los espejos… una vez más —dijo reflexiva la joven de los ojos negros en un murmullo.

El jardinero guardó silencio al ver que la joven ya no necesitaba más imágenes para admitir en su interior un universo imaginado.

—La imagen del espejo, por real que parezca, no deja de ser sólo una imagen reflejada —dijo ella en un susurro.

—Y por muchos espejos que se pongan y se reflejen entre sí –continuó el jardinero–, en última instancia no reflejarán otra cosa que una única realidad primigenia.

—Una realidad que, en su soledad, descubrió un día su propia Belleza –añadió ella– y quiso compartir con alguien tan abrumadora experiencia.

—Así pudo ser –concluyó en un susurro el jardinero.

—Así es –le rectificó ella con una sonrisa cómplice.

Interdependencias

La primavera comenzaba a anunciarse en el invierno tardío, en la paz de una mañana bañada por las centelleantes e ignoradas olas del Sol. Las abejas zumbaban en torno a las flores lilas de los romeros, mientras zorzales y mirlos se encaramaban a las ramas de los acebos en busca de sus rojos y sugerentes frutos. Todas las plantas, todos los insectos y animales, todos los árboles, el viento y la lluvia, las piedras, la tierra, el aire y el agua conversaban calladamente entre sí, sustentándose unos a otros, prestándose mutuamente sus dones en los preparativos de la gran explosión de vida de la inminente primavera.

Incluso, el jardinero podía ver a las hadas más diminutas preparando, disponiendo y llevando de aquí para allá las «pinturas» con las que comenzaban ya a colorear las flores, mientras los gnomos ayudaban a los topos a excavar galerías subterráneas, para airear los sustratos de la tierra sobre la que se interpretaría, un año más, el grandioso concierto de la Vida.

El viejo jardinero se detuvo a contemplar el magnificente espectáculo, más exuberante si cabe ante su mirada imaginativa que ante sus ojos sensibles; pues, como le había dicho muchos años atrás su maestro, aquel nórdico de ojos azules, «La mayor parte de las relaciones e interdependencias entre los seres y elementos de la naturaleza no son visibles al ojo físico, sino que hay que imaginarlas. Tendrás que combinar la visión sensible con la visión imaginativa para poder comprender realmente el inextricable tejido de la Vida».

Ahora, desde su nuevo estado, el jardinero podía no sólo ver lo que le ofrecía el mundo sensible, sino imaginar con más precisión que nunca los intrincados mecanismos físicos y sutiles de la Vida en su asombrosa expansión.

De pronto, una abeja despistada –o quizás no– se le posó en la mano y, lejos de cualquier temor ante la posibilidad de una posible picadura, el jardinero la contempló extasiado en su humilde y, al tiempo, compleja belleza.

—Los seres humanos no podríamos vivir sin vosotras... ni sin el resto de los seres que pueblan la Tierra –le dijo el jardinero tiernamente, con una voz queda.

Al cabo de unos segundos, la abeja emprendió de nuevo el vuelo y se alejó en dirección a las ramas aún desnudas de un roble. Mientras el jardinero la observaba alejarse, escuchó una voz en su corazón que, muy dulcemente, le decía:

—¿Y acaso yo podría vivir sin ti?

Una paz indescriptible anegó su ser, y una profundísima e íntima nostalgia se adueñó de su alma, mientras dos gruesas lágrimas caían por las mejillas del jardinero.

La dama silenciosa

P ara la joven de los ojos negros, la mujer del joven jardinero siempre había sido «la dama silenciosa». Ésta era apenas una adolescente cuando la vio llegar un día por el jardín
con quienes entendió que eran su madre y su padre; al parecer, personas acomodadas de la ciudad. Y no mucho después,
escondiéndose tras los matorrales, a hurtadillas, como hacen
los niños, la vio repetidas veces con las mejillas encendidas
escuchando turbada las palabras de amor del joven jardinero,
que no desperdiciaba ocasión para cortejarla toda vez que su
padre y su madre se perdían de vista.

No debió resultarles fácil su amor, pensaba la de los ojos
negros, viniendo ambos de ambientes sociales tan distintos:
ella, una joven dama de la ciudad; y él, el hijo de un bodegue-
ro de un pueblo del interior. De hecho, ella no había vuelto a
ver por el jardín a los padres de la dama silenciosa.

Un día en que la joven de los ojos negros acudió al jardín
para ver si las caléndulas habían comenzado a brotar ya, se
encontró con su dama silenciosa sentada a los pies del gran
roble de la fuente.

Aunque habían intercambiado saludos fugazmente en más
de una ocasión, tanto en el jardín como en el pueblo, siempre
había alguna otra persona presente, normalmente el joven
jardinero. Sin embargo, en esta ocasión, estaban solas, y la jo-

ven de los ojos negros sentía una gran curiosidad por aquella mujer que no se prodigaba en palabras, pero que intuía que poseía un exuberante mundo interior.

—Me llama la atención tu habitual silencio –apuntó directamente la joven de los ojos negros, tras los callados y embarazosos segundos iniciales.

La dama silenciosa, claro está, no dijo nada. Se limitó a mirar a la joven mientras dibujaba una tímida sonrisa.

—Sin embargo –continuó la otra–, siempre he tenido la sensación de que, por ahí dentro, tienes muchas cosas que contar.

La dama bajó los ojos hasta que, finalmente, mirando a la otra con afecto, se animó a hablar.

—Tienes razón –dijo–. Aunque no suelo expresarme demasiado, mi interior rebosa de actividad.

Un nuevo silencio.

—Tengo la sensación de que eres muy observadora –dijo la de los ojos negros, intentando darle pie para que siguiera hablando–, y, no sé por qué, pero también siento que tienes una rica imaginación.

Sorprendentemente, la dama silenciosa se echó a reír sin ningún rubor.

—¿Cómo lo has sabido? –dijo al cabo, abriendo los ojos con sorpresa– ¡Es cierto! ¡Mi imaginación es inagotable!

La joven de los ojos negros, viendo que había abierto una brecha en el muro de su mudez, se acercó a la dama silenciosa y se sentó a su lado.

—Cuéntame tus viajes por la imaginación –le dijo, para a continuación confesar–. ¡Yo también soy una consumada viajera!

—Me gusta imaginar la vida de la gente con la que me encuentro —dijo la dama silenciosa, abriendo su corazón finalmente de par en par, como si la complicidad entre ambas hubiera desmoronado al fin las barreras de la timidez—. Cada vez que viene alguien a saludarnos o, incluso, cuando me cruzo con alguien por la calle, imagino cómo será su vida cotidiana, cómo serán sus relaciones en su familia, qué piensan de sí mismas y qué piensan de los demás, qué sentimientos tendrán habitualmente, qué momentos trágicos habrán vivido en sus vidas y les habrán dejado una herida en el alma, qué instantes de dicha infinita habrán experimentado y guardarán en su corazón como un tesoro, cuáles serán sus más entrañables esperanzas y anhelos...

Y, como en un estremecimiento súbito, añadió, mirando a la otra a sus negros ojos:

—Al final, termino por compadecerme siempre de la persona de la que imagino su vida, por desagradable que sea en apariencia, por egoísta o cruel, incluso, que pueda parecer; pues, al cabo, todos somos humanos, todos hemos pasado por momentos terriblemente duros y dolorosos. Y quizás unas personas superamos mejor que otras esos momentos. Quizás ellas no tuvieron las defensas o la ayuda que tuvimos otras, y terminaron por crear una coraza defensiva o por empuñar armas mentales y emocionales para agredir a quienquiera que pudiera parecerles amenazador.

—Sí, entiendo lo que dices —dijo la joven bajando los ojos—. A mí también me ha sucedido en ocasiones que, de pronto, te compadeces hasta de la persona más perversa.

—Y, ¿sabes una cosa? —continuó la dama, que, una vez abierta la puerta de su alma, no parecía estar dispuesta a cerrarla de nuevo—. He descubierto que, la mayor parte de las veces, lo que imagino de una persona termina siendo cierto. Al menos, en todo aquello que una puede llegar a conocer.

—¡Sí! –exclamó la joven abriendo los ojos de par en par–. ¡A mí también me ocurre eso a menudo!

—¡Es asombroso! –continuó la dama–. Es como si la imaginación no fuera esa fantasía personal que nos han dicho que es, sino otra manera de percibir el mundo, una percepción etérea que te permitiera entrever lo que no se puede ver ni saber a través de los sentidos.

La joven de los ojos negros no pudo por menos que recordar la conversación que había mantenido días atrás con el jardinero, en la que también habían hablado de la imaginación.

—¿Y qué has imaginado sobre mí? –dijo la joven riendo, como en un juego–. Yo podría confirmarte ahora lo que hayas podido imaginar de mí. Por ejemplo, ¿cuál es mi mayor anhelo?

La dama silenciosa dejó de reír y miró a la joven de los ojos negros con ternura durante unos segundos, que a la joven se le hicieron eternos.

—Tu mayor anhelo ni siquiera se puede describir con palabras –dijo la dama al fin–. ¡Veo algo tan hermoso, tan grande, tan sublime…!

»Imagino que la vida te trajo aquí, a este jardín, con toda la intención… –y añadió como si se excusara–. Aunque quizás esto no sea imaginación, sino elucubración, a tenor de lo que algunas personas cuentan de ti, incluso de lo que cuentan de tu infancia.

De pronto, quedó callada una vez más y miró a la joven con una expresión extraña, como si viera a través de ella, más allá.

—¡Qué vida más hermosa la tuya! –murmuró al fin–. ¡Qué destino más excitante el tuyo!

La piedra

A lo largo de sus años de viaje, el jardinero había reunido una pequeña colección de piedrecillas de algunos de los distintos lugares por los que había pasado. Para él, aquellas piedras no sólo eran portadoras de los recuerdos de paisajes, vivencias, personas queridas y costumbres, sino que también sentía que estaban dotadas de un significado profundo, distinto en cada una de ellas. De hecho, su inteligencia profunda había asignado a cada una de aquellas piedrecillas unas cualidades simbólicas, de las cuales él hacía uso de un modo sutil en sus introspecciones o cuando tenía que abordar alguna situación difícil en su existencia.

Lo cierto es que, con los años, había adquirido la costumbre de recoger del suelo aquellas piedrecillas que le llamaban la atención, con el fin de observarlas y «sentirlas» por unos instantes, antes de decidir si podían formar parte de la exclusiva colección de su pequeña bolsa «medicinal», como él la llamaba.

Un día en que iba caminando y conversando por las inmediaciones del jardín con la joven de los ojos negros, el jardinero se detuvo de pronto, se agachó y tomó del suelo una pequeña piedrecilla de tonos rojizos. Tras examinarla y sentirla, decidió que no disponía de las cualidades necesarias para formar parte de su bolsa, de modo que la echó a un lado del camino.

En ese momento, se percató de que la joven de los ojos negros le observaba confundida. El jardinero se quedó mirándola sin saber muy bien qué podía estar ocurriendo, hasta que, de pronto, una expresión de comprensión cruzó su semblante.

—Tienes razón –dijo el hombre humildemente.

Se dirigió al lugar donde había echado la piedrecilla roja, la tomó nuevamente del suelo y, regresando al punto exacto donde la había recogido, la depositó suavemente en el suelo, en la misma posición en la que la había encontrado.

Con una expresión levemente avergonzada, le dijo en un susurro a la joven:

—Es cierto. No tengo ningún derecho a cambiar innecesariamente la existencia de ningún ser, por mucho que pueda parecer carente de vida y sentimientos.

Símbolos

El jardinero había quedado con uno de sus antiguos amigos en el pueblo para ponerse al día sobre los acontecimientos de sus vidas durante aquellos años de ausencia. En la amable conversación en la que sumergieron sus almas hermanadas, anduvieron casi sin darse cuenta hasta el barranco de las tierras rojas, a los pies de la gran montaña. Y, en su discurrir inconsciente, se apartaron del sendero que ascendía a la montaña y descendieron en dirección a las estrechas y laberínticas quebradas de arenisca roja, que recogían las aguas de lluvia que la montaña entregaba generosamente a los valles y sus pobladores.

Fue dentro de aquel paisaje peculiar donde al hombre se le ocurrió contarle al jardinero un sueño que había tenido pocos días atrás. Sabiendo de antaño que el jardinero tenía cierta facilidad para interpretar los sueños, el hombre pensó que quizás él podría discernir algo en aquellas visiones nocturnas que tanto le habían confundido.

Al terminar de escuchar la personal interpretación del jardinero de lo que podría significar su sueño, el viejo amigo preguntó:

—¿Cómo haces para desentrañar cosas tan absurdas como las que nos suceden en los sueños?

—No hay ningún misterio en ello —respondió el jardinero—. Simplemente, con tu ayuda, intento discernir los símbolos que hay tras los objetos, los sucesos y los personajes que aparecen en tus sueños.

—¡Símbolos! —exclamó el amigo—. ¿Tan importantes son los símbolos? —preguntó curioso.

—Todo cuanto ven tus ojos son símbolos, y no sólo cuanto ves con los ojos de tu alma por las noches —respondió el jardinero, deteniéndose para mirarle a los ojos y hacerle ver la importancia de sus palabras—. El universo, en su totalidad, es un océano de símbolos.

El amigo frunció el ceño.

—Me cuesta creer lo que dices. En todo caso, sería el universo de los sueños —le reconvino el amigo—. El mundo real no está compuesto de símbolos, sino de realidades.

—No pienses ni por un momento que los símbolos carecen de realidad —le dijo el jardinero reanudando sus pasos—, pues el símbolo *es* la verdadera realidad. ¿Te das cuenta de que me has contado tu sueño justo cuando nos hemos introducido en este laberinto profundo de tierras rojas? ¿No sería este paisaje un símbolo del inframundo o, al menos, del mundo que se extiende por debajo de la «superficie» de la consciencia, del mundo de los sueños?

Al amigo del jardinero se le veía confundido con las preguntas de éste.

—El mundo «real», como tú lo llamas —continuó el jardinero—, sólo se diferencia del mundo de los sueños en que las imágenes son más estables y persistentes. En el mundo de los sueños, las cosas, incluso los personajes, cambian súbitamente de forma, incluso de identidad. Pero eso no quiere decir que ese otro mundo de los sueños no sea real, cuando, en su esencia, lo que hay tras las imágenes y los fenómenos de ambos mundos es una y la misma cosa: símbolos.

—Si eso fuera así —intervino el amigo, forzando su razonamiento—, ¡entonces la vida real también se podría interpretar, igual que los sueños!

—¡Y así es! —exclamó el jardinero—. Siendo ambos mundos simbólicos, también puedes leer los significados de los símbolos de tu «realidad despierta». Éstos te pueden indicar lo que está ocurriendo en tu existencia y en tu alma sin tú siquiera darte cuenta de ello... —Y añadió, enfatizando sus palabras—: Al igual que te pasa en el mundo de los sueños.

—¡Uf! No sé... —dijo el amigo negando con la cabeza, reacio, aunque viendo que los argumentos del jardinero no dejaban de tener sentido.

—La verdadera realidad no es lo que vives en este mundo o en el mundo de los sueños. Es *lo que significa* aquello que vives. La verdadera realidad está en los símbolos y en sus significados, no en las imágenes que los representan en cualquiera de los dos mundos.

—Sin embargo —dijo el amigo bajando la voz, viendo que no disponía de argumentos para rebatir al jardinero—, yo percibo este mundo como real, cosa que no me ocurre con el mundo de los sueños.

—Cuando estás en el mundo de los sueños, ¿no lo vives también como real? ¿No te aterrorizarías si soñaras con que te persigue una manada de lobos?

—¡Sí, claro que lo vivo como real! Pero, si me despierto en medio del sueño, entonces me doy cuenta de que estoy soñando y que el sueño no es real.

—¡Pero eso es una valoración que tú haces desde la consciencia de este mundo, no de aquél! En cada mundo actuamos con una consciencia distinta; y, desde esa consciencia específica, ese mundo es real.

»Al igual que ocurre con los fenómenos en cada mundo, la consciencia de este mundo es más estable y despierta, pero de ahí no puedes sacar la conclusión de que el otro mundo no es real. En el mundo "real" también puedes darte un golpe en la cabeza y, durante un tiempo, hallarte en una consciencia como de ensueño; y, sin embargo, no piensas por ello que la realidad dejó de ser real mientras estuviste confuso y desorientado.

»O, mirándolo desde el otro lado –prosiguió el jardinero sin dar opción a su amigo–. ¿Qué pasaría si, de pronto, en este mismo instante, entraras en un nivel de "despertar" superior a éste? Imagina que ahora, súbitamente, despertaras y te dieras cuenta de que lo que hasta ahora habías considerado una vida entera, tu vida, no era más que otro sueño. Imagina que, igual que puedes despertar de pronto dentro de un sueño, despertaras ahora súbitamente dentro de esta "realidad" y te dieras cuenta de que estabas soñando. ¿Tendrías que desechar la "realidad" de este mundo por haber encontrado una realidad superior?

El amigo del jardinero ya no sabía qué contestar, pero reflexionó en su interior, «Quizás sea eso lo que dicen que les ocurre a los santos y a los que aseguran que viven experiencias divinas».

—Por ahí van las cosas –dijo el jardinero, respondiendo a aquella reflexión no pronunciada en voz alta.

Aunque a su amigo no se le ocurrió en ningún momento que el jardinero pudiera estar respondiendo a un pensamiento suyo, simplemente porque no entraba entre las posibilidades de «realidad» que su mente podía aceptar.

—Sin embargo —añadió el jardinero—, hay muchísimo más detrás de todo esto.

—Entonces, según tú, ¿la realidad no existe? —preguntó el amigo desconcertado.

—Al contrario —respondió el jardinero—, la realidad está en todas partes, incluidos tus sueños. Sólo son distintos niveles de realidad que se perciben con diferentes grados de consciencia y distintos órganos de percepción.

El jardinero se detuvo, miró con ternura a su amigo, y añadió:

—El universo es un acto de imaginación simbólica de ese Gran Misterio que lo impregna todo y al que la mayoría llama Dios.

El hombre miró al jardinero completamente desconcertado. Y éste, viendo que allí donde se encontraban iba a ser difícil que su amigo alcanzara a comprender tales cosas, dijo:

—Ven, subamos a la montaña ahora. A ver si, inmersos en el paisaje simbólico de la ascensión a las alturas, alcanzas a ver el mundo de la imaginación, el mundo de las visiones del espíritu.

—¿Y si me niego a escuchar más cosas raras de las que acostumbras a hablar? —preguntó bromeando su amigo.

—Tienes razón. Quizás he abusado de tu confianza, mi buen amigo —respondió el jardinero—. Limitémonos a disfrutar de nuestro reencuentro después de tantos años.

Y ambos hombres retomaron el sendero que subía a la gran montaña, donde, finalmente, el amigo comenzó a vislumbrar los lejanos horizontes que el jardinero le intentaba mostrar.

Entre las hortensias

Se encontraba el jardinero retirando las malas hierbas de los pies de un gran macizo de hortensias cuando, al apartar unas ramas bajas, se encontró con un hada minúscula entre las frondas de la planta. El hada parecía triste, y el jardinero se acordó de pronto de un hada similar que, en los años en que construyó el jardín, había encontrado deprimida entre unas prímulas.

«¡Es la misma!», se dijo con sorpresa cuando la miró más de cerca. Después de tantos años, su aspecto no había cambiado, lo cual era una prueba más de la larguísima existencia de las hadas.

Sus miradas se cruzaron, pero el hada no dijo nada, a pesar de que, así lo sintió el jardinero, ella también le había reconocido. Se miraron tristemente durante unos instantes, en silencio, hasta que el jardinero alargó la mano dentro del arbusto de hortensias y, tomándola con exquisita delicadeza, la sacó de allí para, a continuación, acomodarla con sumo cuidado en un bolsillo grande de su túnica, que se abría junto a su corazón.

Durante toda la jornada, el hada estuvo allí, junto a su corazón, sin decir nada, casi sin moverse, mientras el jardinero atendía los trabajos del vergel y conversaba con unos y otros por sus senderos.

Finalmente, casi a la puesta de Sol, el jardinero regresó a la hortensia donde había encontrado al hada aquella mañana y abrió con cuidado la abertura de su bolsillo para ver cómo estaba su vieja amiga. Entonces, el hada asomó de su bolsillo con una bonita sonrisa en el rostro. Se miraron brevemente durante unos instantes, sonriendo en silencio, hasta que, finalmente, el hada salió de su bolsillo y, acercándose lentamente hasta el rostro del jardinero, depositó un delicado beso en la punta de la nariz. Acto seguido, le sonrió de nuevo y desapareció velozmente entre las hojas de la hortensia.

Una lágrima rodaba por la mejilla del jardinero en busca de tierra donde cobijarse, mientras la punta de su nariz brillaba intensamente con un resplandor dorado.

El Alma del Mundo

Con la llegada de la primavera, un pequeño herreri-llo comenzó a visitar asiduamente las ventanas de la cabaña del jardinero. El pajarillo parecía venir a fisgonear el interior de la casa, pues se paraba en el alféizar de las ventanas para asomarse, girando la cabeza a uno y otro lado como para escudriñarlo todo, o bien se colgaba de una pata del marco superior de las ventanas, balanceándose a continuación boca abajo, como para llamar la atención a quien estuviera dentro.

Y cada vez que aparecía, el gato blanco de los ojos azules, si no estaba durmiendo plácidamente sobre el camastro del jardinero, se abalanzaba sobre la ventana dando zarpazos a diestro y siniestro, y poniéndose sobre dos patas con la intención de alcanzar en lo alto al pajarillo.

—¿No te das cuenta de que ya no puedes cazar pájaros? –le decía el jardinero en voz baja–. Además, ¿de qué te sirve hacer eso? Ni siquiera lo asustas. ¡No te ve!

Un día en que el joven jardinero fue a la cabaña para informar a su mentor de que estaría ausente del jardín durante unos días, el herrerillo vino a colgarse del marco de la ventana como hacía habitualmente. Tras verle hacer malabarismos boca abajo una y otra vez en distintas ventanas, el joven jardinero le dijo a su mentor:

—He visto muchas cosas en este jardín, incluso hadas, elfos, gnomos y duendes —añadió—, pero nunca había visto esto. A nuestras ventanas puede venir de vez en cuando algún pajarillo despistado, pero, en cuanto se percatan de nuestra presencia, se van de inmediato. Sin embargo, a ti vienen a visitarte.

El jardinero levantó los hombros sin saber qué decir, mientras apartaba trastos de encima de una silla para que su antiguo aprendiz se sentara.

—Intentando leer el lenguaje de la Vida —continuó éste—, tal como tú me enseñaste hace años, yo diría que este herrerillo te trae algún tipo de mensaje, maestro. ¿No será una llamada a la esperanza? ¿O que, con los años, te olvidaste de jugar y el herrerillo viene a recordártelo?

Y, en tono de broma, añadió:

—¡O quizás es el anuncio de un nuevo amor, maestro!

Ambos rieron con la ocurrencia.

—¿Quién sabe? —concedió el jardinero—. Pero yo, más bien, creo que se trata de un mensaje del Alma del Mundo.

—¿El Alma del Mundo? —exclamó extrañado el joven jardinero, con la esperanza de que su maestro continuará con su instrucción después de tantos años.

—El mundo tiene alma, igual que la tienen los humanos y el resto de los seres, —dijo el jardinero—. Pero su alma es mucho más que la suma de las almas de todos los seres que la componen, y es mucho más inteligente y sensible que la suma de inteligencias y sensibilidades de todos los seres que la conforman. Y de cierto que el Alma del Mundo se puede comunicar con todas las criaturas a través del lenguaje de la Vida, del que te hablé hace tantos años.

»De un modo u otro —siguió—, el Alma del Mundo debe haber hablado ya contigo, aunque quizás entendiste que los mensajes eran de esta o aquella criatura, o de este o aquel espíritu de especie.

El joven jardinero asintió con la cabeza, comprendiendo la idea y esperando más inspiraciones del jardinero.

—Quizás podríamos ver el Alma del Mundo como la chispa creadora de la divinidad que quedó alojada dentro de la materia, y no sólo en los seres vivos, sino también en lo que los hombres dicen que no tiene vida –prosiguió el jardinero–. El Alma del Mundo lo impregna todo y da vida y espíritu a todo. Y, aún más allá, conforma todo lo que habita en nuestros sueños y en nuestra imaginación, que no constituyen más que otro aspecto de la realidad.

El jardinero tomó otra silla y continuó, mientras se sentaba junto a su antiguo aprendiz:

—También es en el Alma del Mundo donde se hallan los dioses de antaño y la memoria colectiva de todo lo creado, así como todo lo que conforma el mundo de las ideas y del pensamiento. Ella lo impregna todo en la creación, tanto el mundo externo, material y sensible, como el mundo interno, imaginal y sutil de las ideas. El Alma del Mundo es aquella que unifica todo cuanto, desde los sentidos, se nos presenta como diverso y múltiple.

—Creo entender lo que dices, maestro –dijo el joven con el ceño fruncido–. He llegado a percibir eso de lo que hablas de una manera muy sutil.

—Bien podría ser –confirmó el jardinero–. La clave está en la percepción, pues es algo que no sólo existe, sino que se puede percibir a poco que se desarrollen las capacidades para distinguir las cosas más volátiles y etéreas, siendo la imaginación una de esas capacidades. Pero, por desgracia, la mayor parte de los seres humanos ha optado por dar validez, exclusivamente, a lo que perciben con sus sentidos más groseros, a lo que pueden ver, oír y tocar, sin darse cuenta de que poseemos capacidades perceptivas mucho más sutiles, que nos abren puertas a un mundo mucho más rico y extenso del que los sentidos nos pueden mostrar.

En aquel momento, el herrerillo se colgó de la ventana más cercana a ellos y lanzó un sonoro pío, mientras los miraba boca abajo.

—El herrerillo viene infinidad de veces todos los días a decirme que tengo trabajo que hacer –continuó el jardinero mirando a la ventana–. Viene a decirme que existen personas dispuestas a ir más lejos, a desarrollar su percepción de otros niveles más sutiles de la realidad.

»Y, aún más allá –prosiguió–, el herrerillo viene a anunciarme procesos más grandes e importantes de los que todavía no conozco los detalles, si bien, como siempre ocurre, los saberes llegarán de un modo u otro cuando se hagan necesarios.

—¿A qué te refieres, maestro? –preguntó el joven jardinero intrigado.

—El herrerillo…, el Alma del Mundo –especificó–, está haciendo algo tan excepcional como excepcional es lo que viene a anunciar, pues viene a decirme que se aproximan días difíciles para la vida en todas partes, y es posible que podamos hacer algo para mitigar el dolor y cambiar el rumbo de las cosas.

El joven jardinero miró a su mentor con una expresión mezcla de asombro y curiosidad, pero no se atrevió a preguntar nada, pensando que el jardinero se lo diría llegado el momento.

A la vista de su reacción, el jardinero añadió bajando la voz, como cansado:

—Pero no me hagas demasiado caso, hijo. Quizás no sean más que especulaciones mías.

De la vida y la muerte

El jardinero llegó al lavadero del pueblo cargado con un barreño y un par de mantas en su interior. Se las había prestado su antiguo aprendiz a su regreso al jardín, pero pensó que ya no las necesitaba y, antes de devolvérselas, quiso lavarlas para, más tarde, perfumarlas con bolsitas de espliego.

Como era habitual en los días de labor, el lavadero estaba muy concurrido, y el bullicio de las conversaciones, reverberado por el techo y las columnas que cubrían las balsas centrales y las losas donde lavaban las mujeres, se dejaba escuchar desde dos calles más arriba. Pero, cuando llegó el jardinero, el lugar se sumió en un embarazoso silencio. Rara vez se había visto a un hombre entrar allí, y menos aún para lavar ropa.

Una antigua amiga del jardinero se ofreció a lavarle las mantas, pero éste rehusó con firmeza el ofrecimiento, ante lo que consideraba un error en las costumbres sociales que convendría rectificar. No obstante, le agradeció profundamente su buena voluntad con él.

—Ser hombre no debería suponer privilegio alguno, querida amiga –dijo el jardinero–. He hecho esto muchas veces antes, y estoy seguro de que sabré hacerlo de nuevo.

Intentando quitar importancia a la situación, el jardinero guardó silencio y se ciñó a la tarea que le había llevado allí, con la esperanza de que las mujeres reanudaran sus conversaciones y se olvidaran de él. Y así sucedió al cabo de pocos minutos.

Por desgracia, la conversación giraba en torno al fallecimiento de alguien que él había conocido, un joven de hermosas ideas que, en otro tiempo, había ido a visitarle al jardín en repetidas ocasiones en busca de consejo. Recordaba que una vez fue a verle a su cabaña durante una noche lluviosa de invierno. El joven sentía una profunda desazón al ver tanto dolor y tanta injusticia en el mundo, y se había sumido en la desesperanza al pensar que, por mucho que se esforzara, él solo jamás podría cambiar el rumbo de los acontecimientos humanos.

Mientras lavaba las mantas, el jardinero recordó lo que le había dicho al joven en aquella ocasión: que un solo ser humano sí que puede cambiar el mundo; que, en el mundo del espíritu, cada ser humano es la humanidad entera; y que el Amor, presente en la naturaleza íntima del ser humano, podía dar lugar a una transformación en su interior y, con ello, llevarle a transformar el mundo.

Por las mujeres supo que el joven había partido un día hacia un lejano país del sur, donde se había entregado durante años a aliviar la miseria y las desdichas de las gentes más humildes y necesitadas. Pero, al parecer, en su empeño por conseguir que se hiciera justicia con los más desfavorecidos, había incurrido en las iras de una gran compañía comercial de un país del norte, que se dedicaba a explotar los recursos de la región y a sus gentes con la ayuda de los gobernantes de la zona, que recibían lucrativas sumas de dinero por estar a sus órdenes. El joven se había enfrentado a ellos, sin armas, formando parte de un grupo de campesinos pobres que reclamaban justicia… y los habían asesinado a todos.

Cuando las mujeres partieron con sus barreños de ropa húmeda para tenderla en sus casas, el jardinero se quedó a solas en el lavadero con aquella amiga que se había ofrecido a lavar las mantas por él.

—Sé que conocías al hombre del que hablaban las mujeres –dijo la amiga sin dejar de restregar la ropa–. Era joven cuando tú lo trataste...

El jardinero asintió con la cabeza mirando tristemente a la mujer.

—Sin embargo, no has preguntado nada acerca de su triste suerte –continuó ella, confusa por la silenciosa actitud del jardinero–. Pareciera que no te interesara lo que le sucedió... ni tampoco parece haberte afectado demasiado su muerte.

El jardinero sacó las mantas de la balsa central donde las estaba enjuagando y dedicó toda su atención a su amiga.

—Sé todo lo que le sucedió –respondió el jardinero serenamente–. Y nunca me fue grata la muerte de nadie, aunque sólo fuera por la angustia con la que todo ser se enfrenta a ella.

—Perdona –dijo la mujer–. Creía que era la primera noticia que te llegaba de él...

El jardinero no quiso revelar cómo sabía lo sucedido con el joven de las hermosas ideas, pero añadió:

—La muerte no tiene nada que ver con lo que la gente cree que es. Él se siente dichoso ahora. Puedes estar segura de ello.

La mujer le miró inquisitiva, como esperando que le hablara más del gran misterio de la muerte. Pero el jardinero tenía otras reflexiones que compartir.

—Sin embargo, desde donde él se encuentra ahora, lo más importante no es eso.

—¿Qué puede haber más importante? –preguntó ella.

—Para él, lo más importante era transformar este mundo para que fuera un lugar más justo y amable para todos los seres –respondió él–. Y, sin haber buscado su propia muerte, él mismo la atrajo hacia sí y puso en marcha un proceso de transformación que, del modo más imprevisto para él, le llevará a cumplir su sueño de cambiar el mundo.

La amiga del jardinero entrecerró levemente los ojos, indicando no comprender sus palabras, de modo que el hombre continuó:

—¿Acaso la semilla no muere cuando abre sus entrañas debajo de la tierra y, lentamente, se transforma en un árbol?

»La semilla, por sí sola, no puede hacer gran cosa salvo servir de alimento para los pájaros. Pero, si muere en una buena tierra, esa pequeña semilla se convertirá en un enorme árbol, que dará cientos de miles, millones de frutos y semillas, alimentando a toda la vida que la rodea y creando, con los siglos, un bosque a su alrededor.

—No estarás diciendo que él mismo buscó su propia muerte para convertirse en un «árbol»... –dijo la amiga con intención, dudando de sus palabras–. ¿Acaso estás hablando del martirio?

—Buscar el martirio es una insensatez –respondió el jardinero haciendo un gesto de rechazo con la mano–, y él no estaba interesado en eso. Sin embargo, otra cosa muy distinta es el sacrificio no buscado, aunque libremente aceptado, nacido del Amor y de un elevado compromiso por el bien de la comunidad y de la Vida en su conjunto. ¿Acaso el bosque entero no se nutre con el sacrificio de las hojas del anterior verano, que con su muerte alimentan el suelo y todas las formas de vida por debajo y por encima de su superficie? ¿Acaso la semilla, con su muerte, no da lugar a una explosión de vida que, en su minúscula condición, jamás hubiera imaginado ser capaz de dar?

La mujer bajó la mirada reflexionando sobre las preguntas del jardinero.

—La vida y la muerte se dan la mano allá donde mires —continuó él—, en las obras de la naturaleza, en los infinitos y diversos aspectos del Ser manifestado, de ese inabarcable misterio del cual emergimos y al cual regresamos cuando llega el momento.

»Que no te duela el corazón por aquel joven de hermosas ideas —concluyó el jardinero con mirada serena, rozando con el dorso de sus dedos la mejilla de su amiga—, pues decidió regresar al Gran Misterio envuelto en un manto de gloria, entregando todo el poder y el resplandor acumulado en su vida por el bien de sus hermanos más vulnerables.

La vieja olla

Rebuscando antiguas herramientas en el trastero de la cabaña, el jardinero se encontró de pronto con una vieja olla de barro cocido. Al verla, se acordó del excelente papel que aquel olvidado objeto había cumplido en los años que vivió en el jardín.

En ella se había cocinado deliciosos platos de judías con verduras, apetitosos arroces con todo tipo de acompañamiento y condimentos, e hirvientes y sabrosas sopas de ajo, con las cuales había calentado su cansado cuerpo en lo más frío del invierno.

Sosteniendo la vieja olla entre sus manos y observándola con afecto, el jardinero dijo:

—Parece que no he sido tan amable ni tan generoso yo contigo como tú lo fuiste conmigo.

Instantes después, el gato blanco le veía limpiando la olla en la fuente, quitándole la tierra adherida durante tantos años, y secando y abrillantando sus paredes, por dentro y por fuera, con un paño suave de algodón.

Al cabo, el jardinero depositó la vieja olla sobre un estante donde todas las mañanas daba el Sol y le dijo:

—Creo que aquí estarás bien. Y, si algún día te apetece retomar tu viejo oficio, estaré encantado de volver a hacer un arroz en tu interior.

Y, acariciando la superficie de la olla, añadió:

—Y perdona mi desconsideración, al dejarte sola, abandonada y olvidada durante tantos años.

Cuidados

El joven jardinero fue a visitar a su mentor a la cabaña para discutir con él algunas ideas que había tenido para suavizar los límites del jardín con el entorno circundante, con el fin de darle más amplitud paisajística a determinadas zonas donde, en los últimos años, se habían abierto extensas praderas.

Tras explicarle al jardinero los detalles de su proyecto, y antes de que éste le diera su opinión, su mirada dio en caer sobre la vieja olla que su maestro había recuperado del trastero y había situado sobre un estante bien visible.

—¡Eh! ¡Me acuerdo de esa olla! –dijo–. No sabía que aún existiera. ¿La has recuperado para darle uso?

—Podría ser... –respondió el jardinero–. Todo depende de si ella me hace saber que quiere volver al fuego del hogar. Mientras tanto, le he buscado un sitio acogedor en la casa.

El joven jardinero se quedó callado, mirando a su mentor fijamente.

—Pero... pero... –balbuceó finalmente– ¿es que también hablas ahora con los objetos?

—Todavía no hemos hablado –respondió el jardinero como quien se refiere a un vecino del pueblo–, pero puedo percibir algo parecido a estados de ánimo en muchas cosas, y me pareció que esta vieja olla estaba triste en el trastero.

—¿Una olla triste? –exclamó el antiguo aprendiz levantando las cejas, incrédulo.

El jardinero le miró y soltó una sonora carcajada, mientras el antiguo aprendiz continuaba:

—Creía que ya lo había visto todo cuando hadas, elfos, duendes y enanos se me presentaron un día diciéndome que tú les habías dicho que se me dieran a conocer –dijo en tono de broma, al ver tan divertido a su mentor–. ¿Acaso debo esperar ahora a que una maceta llame a la puerta de mi casa y me diga, «Perdone que le moleste, pero ¿no tendría un poco de agua para regar estos pensamientos que me han salido en la cabeza?».

—No, hijo, no –respondió el jardinero recuperando la compostura–. No creo que la cosa llegue a ese punto.

—¡Que «no crees»! ¿Cómo que «no crees», maestro? –dijo el joven riendo ya abiertamente–. ¡Si mi padre hubiera sabido que me ibas a volver loco, jamás me habría traído al jardín!

Los dos hombres rieron en la complicidad de sus compartidos secretos, hasta que, finalmente, el jardinero, adoptando una actitud más seria, comenzó a explicarse.

—¿Te acuerdas de aquel día, cuando regresé del bosque viejo?

—Sí –respondió el otro con un brillo de nostalgia en la mirada–. Cuando regresaste, vi en tus ojos algo que no he vuelto a ver nunca más en la mirada de nadie. Intuí que habías contemplado secretos que a muy pocos se les ha dado contemplar.

—En el bosque viejo se me desveló, entre otras muchas cosas, que todo, absolutamente todo, está vivo. Pero aún me llevaría algún tiempo alcanzar a comprender todas las consecuencias y derivaciones de lo que había descubierto. Aquello lo fui descubriendo poco a poco.

»No sólo lo que consideramos vivo posee vida –continuó el jardinero–. Y no sólo el viento, el agua, la montaña o el fuego tienen un espíritu, invisible para el común de los mortales, como tú mismo pudiste constatar. También las piedras están vivas y tienen consciencia. Una consciencia incomprensible para nosotros los humanos, pero consciencia al fin y al cabo, con la cual puedes comunicarte de maneras muy sutiles, casi imperceptibles.

»Y lo mismo se puede decir de los objetos, aunque hayan sido creados por mano humana. Las herramientas con las que trabajas cada día en los macizos o los setos del jardín; los utensilios con los que cocinas o comes; incluso las ropas que te pones... Todo está vivo, y todo tiene algún tipo de consciencia, aunque no la percibamos ni podamos siquiera llegar a comprenderla.

—Supongo que lo que dices guarda relación con lo del Alma del Mundo. Pero la idea del Alma del Mundo no me complica la vida, y esto sí –observó el antiguo aprendiz–. ¿Cómo se puede vivir día a día y utilizar las cosas sabiendo que todo está vivo y tiene consciencia? Creo que me volvería loco si tuviera que estar contemplando instante a instante una realidad así.

—No, no tienes que contemplar una realidad como ésta a cada instante –repuso el jardinero–. Uno continúa su vida normal, haciendo uso de los objetos y relacionándose con ellos como lo ha hecho siempre. Nuestras consciencias, nuestros mundos están tan alejados entre sí, que sólo rara vez entran en contacto. Y, cuando eso ocurre, entonces sí que tienes que prestar atención a lo que haces con ellos.

—¿Y qué se puede hacer con ellos, si nuestras consciencias están tan alejadas?

—Puedes cuidar de ellos —fue la escueta respuesta del jardinero—. No hacerles lo que no nos gustaría que nos hicieran a nosotros si estuviéramos en su lugar.

El joven jardinero hizo una mueca con la boca, como para señalar que la respuesta del jardinero era de esperar.

—Los humanos somos descuidados —continuó el viejo jardinero—, y vamos por el mundo pisando fuerte, sin prestar atención a las consecuencias de nuestros actos y nuestras decisiones; cuando, paradójicamente, nuestro cometido ancestral en este mundo es cuidar del «jardín» que se nos dio como hogar: cuidar de cada árbol, cada planta y cada flor, pero también de la tierra donde crecen, del agua que las sustenta, de las rocallas en cuyos resquicios florecen, de las piedras que los árboles envuelven con su raíces hasta que un día las sacan a la superficie. Nuestro cometido es cuidar de todo cuanto nos rodea, tanto si nos parece que está vivo y siente como si no.

—Sí, todo eso lo he tenido claro desde que vine aquí y tú me enseñaste los secretos de la vida natural —reconoció el más joven—, pero no pensaba que el cuidado pudiera extenderse hasta las piedras, y mucho menos a los objetos y utensilios de la vida cotidiana.

El jardinero le dio dos suaves palmadas en el hombro y le dijo mientras le sonreía con ternura:

—Hasta los objetos merecen cariño y cuidados.

—Bueno…, si la azada se me rebela algún día y me dice que no tiene ganas de trabajar, te la traeré a ti para que la pongas en vereda —dijo el joven jardinero con una sonrisa pícara.

Y los dos hombres se echaron a reír.

La flor del jazmín

Avanzada la tarde, el jardinero decidió acercarse al templete de los atardeceres para contemplar desde allí la puesta del Sol. El templete, situado en el extremo occidental del jardín, se abría a extensos campos de cereales que, entrada ya la primavera, ofrecían a la vista un espectacular tapiz verde.

Pero, además, el jardinero quería disfrutar también del aroma de los jazmines en flor, que su antiguo aprendiz había plantado en torno a la estructura del templete durante sus años de ausencia. De hecho, cuando los jazmines crecieron y alcanzaron la altura del suelo del mirador, el sucesor del jardinero tuvo la feliz idea de cubrir con celosías de madera todas las paredes de la estructura, salvo las que daban al oeste. De este modo, con los años, los jazmines habían trepado hasta el techo de la construcción y, cuando llegaba la primavera, el templete se convertía en una cámara perfumada. Esto, junto con la belleza del paisaje y los ocasos rojizos de la región, convertían la experiencia de sumergirse en el mirador en una explosión de Vida para los sentidos.

Cuando llegó al templete, el jardinero se encontró con la grata presencia de la joven de los ojos negros, que, sentada en uno de los bancos del mirador, le mostró su hermosa sonrisa al verle subir la escalera.

Tras intercambiar saludos y tomar asiento en otro de los bancos, el jardinero dejó escapar su mirada hacia el horizonte, mientras el Sol, en su descenso, extraía un asombroso fulgor verde de los campos de cereales.

Al cabo de unos minutos de estar observando ambos el embriagador paisaje, la joven de los ojos negros le dijo al jardinero:

—Me han dicho que tú conocías al vecino que fue asesinado en un país lejano recientemente. Me dijeron que venía aquí a hablar contigo cuando era joven.

El jardinero miró a la muchacha tristemente y asintió con la cabeza.

—La gente dice que nadie debería morir cuando todavía es joven —continuó ella—, pero yo pienso que quizás no sea tan grave si has vivido una vida intensa, si en unos pocos años has vivido experiencias tan profundas como las que viviría cualquier otra persona durante una larga vida.

»Además, habiendo dedicado su existencia a ayudar a los demás y a luchar contra las injusticias, yo diría que se fue de este mundo con la satisfacción de quien dio lo máximo de su corazón durante sus días en la Tierra.

El jardinero esbozó una débil sonrisa. Era evidente que aquella joven poseía un alma sabia.

Posando de nuevo su mirada en el paisaje que se abría ante ellos, el jardinero dijo en voz baja:

—Contempla este verde paisaje bajo la gloriosa luz del atardecer… y aspira suavemente el aroma embriagador del jazmín.

La joven hizo lo que le sugería el jardinero y sintió que su alma se sumergía en una paz profunda y callada, y sintió que la belleza de los sentidos imponía mansamente en su corazón el imperio de la Vida, una Vida que se extendía más allá de la vida y la muerte.

—La flor del jazmín sólo vive un día –añadió el jardinero, y no dijo nada más.

Y la joven de los ojos negros comprendió.

Lo peor

Por qué te desprecias? –preguntó el jardinero con tono impaciente.

—¿Por qué lo dices, porque digo que soy lo peor del mundo? –dijo ella mostrando una media sonrisa triste.

«Ella» era una posadolescente de rojos cabellos, llena de vida, ocurrente y expresiva, que había aparecido por el jardín un buen día y venía repitiendo visitas todas las semanas. Vivía en la ciudad, donde estaba intentando entrar en la universidad, a pesar de los obstáculos e impedimentos existentes para las mujeres. Pero era una muchacha sumamente brillante, y estaba decidida a aprender como fuera acerca de todas aquellas cosas por las que sentía curiosidad.

—Sí, lo digo por eso –confirmó el jardinero–, y tú sabes que no eres «lo peor». Pero lo dices para librarte de los juicios de los demás. Porque en lo más profundo piensas que, si te juzgas tú a ti misma en primer lugar, te evitarás que los demás se tomen la molestia de juzgarte. Y todo ello porque te exiges mucho a ti misma, porque crees que la gente no te va a aceptar y porque tienes pánico a lo que puedan pensar de ti.

La muchacha guardó silencio durante unos segundos, reflexionando sobre lo que le había dicho el jardinero.

—Sí, tienes razón en lo que dices –dijo al fin con una leve expresión de pesadumbre, pero manteniendo su media sonrisa.

El jardinero confirmó una vez más que la chica tenía una consciencia privilegiada.

—Pero… –continuó la muchacha– ¡es que yo soy así!

—¡Tú no eres así! –estalló el jardinero, exasperado ante su terquedad–. ¡Nadie es así o asá! ¡Todas las personas somos lo que nos contamos que somos! Eso no eres tú. Eso es la historia que te cuentas tú a ti misma para explicarte quién eres, para situarte en el mundo, en la sociedad en la que vives, en tu propio mundo mental, para describirte a ti misma y tener la sensación de que existes en algún rinconcito del universo, ¡pero eso no eres tú!

»Tú eres algo mucho más grande y más hermoso. Tú eres aquello que desees ser. Sólo tienes que contarte la historia de otra manera, explicarte a ti misma quién eres de otra forma, de una forma más amable y afectuosa, sin juzgarte, sin evaluarte, sin exigirte ser de otro modo para que dejes de intentar justificarte ante ti misma con ese "¡Es que yo soy así!".

Y el jardinero dijo aquellas palabras imitando los gestos de la muchacha, para continuar:

—En nuestra incesante cháchara mental nos pasamos la vida contándonos historias acerca de todo: de cómo es nuestra vida, de quiénes somos, de cómo son los demás y cómo es el mundo. Y de esa manera construimos nuestra realidad y nos metemos en ella como en una jaula, pensando que la llave de la jaula está fuera, en algún lugar lejano e inaccesible, cuando la llave la tienes en el bolsillo, esperando a que hagas uso de ella.

»Eres una muchacha muy brillante, irradias mucha luz a los demás; y, sin embargo, vas por el mundo justificándote, sin atreverte a transformar las cosas a tu alrededor con tu propio e inigualable brillo.

El jardinero se detuvo por un instante, mirándola con fingida severidad.

—¿Por qué no estás estudiando ya en la universidad? –le preguntó como en un desafío–. Deja de justificarte ante las autoridades académicas y sé tú misma. Ponte sobre tus propios pies y cuéntate la verdadera historia de quién eres. No la que te han venido contando los demás, sino la tuya propia, la que tú, en tu corazón, sabes que es la historia de tu vida y tu existencia, la historia de por qué estás aquí y qué viniste a hacer a este mundo. Y, luego, ponte delante de ellos, sin temor a qué pensarán o qué dirán de ti. Pues, en cuanto vean tu brillantez, ellos mismos te abrirán las puertas de las aulas, aunque sólo sea por pura vergüenza ante alguien que, lo saben bien, es más brillante que todos ellos.

Cuando terminó su «sermón», el jardinero se quedó mirando a la muchacha con el ceño fruncido, esperando algún tipo de reacción. Por unos instantes, la joven estuvo mirando con dureza al jardinero, sin decir nada; hasta que, finalmente, se levantó en silencio y se fue de la cabaña, atravesando a su paso al gato blanco de los ojos azules.

Al cabo de un buen rato, la muchacha volvió a asomar bajo el grueso madero del dintel de la puerta.

—Perdona –dijo, bajando los ojos avergonzada por su reacción–. No te merecías un desplante como el que te he hecho... porque... porque veo que tienes razón.

Y, levantando la mirada de nuevo, preguntó:

—¿De verdad tú crees que hay en mí algo mucho más grande y hermoso que lo que yo puedo encontrar en mí?

El jardinero le sonrió y, acercándose a ella, le pasó la mano por su rojo cabello.

—No sólo eso –dijo el jardinero–. Algún día descubrirás que, mucho más allá, tú eres el universo entero.

—No sabría cómo llegar a descubrir eso –dijo la muchacha–. ¿Me podrías enseñar tú? Yo podría venir un día a la semana, como vengo haciendo hasta ahora.

El jardinero la miró en silencio, como evaluando la situación.

—Claro que sí, cariño –dijo al fin en voz baja, tiernamente–. Claro que sí.

Permiso

Una semana después, la muchacha del cabello rojo apareció de nuevo por la cabaña y el jardinero se la llevó a dar un largo paseo por los alrededores, mientras conversaban sobre asuntos humanos y divinos, cotidianos y trascendentes.

En su deambular por los caminos, llegaron de pronto al lindero de un bosque, y el jardinero se detuvo en seco.

Sin mediar palabra, se agachó, tomó una pizca de tierra del suelo y se la llevó al pecho, y a continuación cerró los ojos.

—¿Qué estás haciendo? –preguntó la muchacha del cabello rojo con una mueca de extrañeza en los labios.

Pero el jardinero no respondió. Continuó con los ojos cerrados y la pizca de tierra en contacto con su corazón hasta que, unos segundos después, abrió los ojos, miró a los árboles agradecido e hizo una leve reverencia con la cabeza, para, a continuación, frotar suavemente la pizca de tierra en su corazón.

La muchacha del cabello rojo seguía observándole con aquella mueca de extrañeza.

—Estaba pidiendo permiso al bosque –dijo al fin el jardinero.

—¿Permiso? ¿Para qué? –preguntó la joven en el colmo de la confusión.

—Permiso para entrar –respondió el jardinero serenamente.

—¿Como que «permiso para entrar»? –preguntó la muchacha sin dar crédito a sus oídos–. ¿Acaso los árboles…?

—Los árboles son tan conscientes como tú y como yo, y merecen nuestro respeto –dijo el jardinero reanudando el camino y adentrándose en el bosque–. Sin ellos, los seres humanos no podrían habitar la tierra.

—¿Estás diciendo que los árboles tienen consciencia como tú y como yo?

—Sí. Incluso puedes conversar con ellos.

La muchacha del cabello rojo arrugó la nariz y se detuvo mirando al jardinero con una expresión de duda casi teatral.

—¡No me mires así! –le dijo el jardinero riendo a carcajadas al verla–. ¡Tranquila! No estoy loco. Sé perfectamente lo que digo. Y tú también sabrás de lo que hablo… cuando lo experimentes por ti misma.

Y añadió reanudando el camino:

—En la universidad jamás te enseñarán estas cosas.

La joven, curiosa por naturaleza, retomó también el paso y aceleró hasta ponerse a su lado.

—¿Me puedes explicar de qué va esto? –dijo.

El jardinero, recobrando la gravedad, contestó:

—Todo, absolutamente todo cuanto te rodea, no sólo está vivo, sino que, además, tiene consciencia. Lo que ocurre es que no es una consciencia como la tuya y la mía, *no* es una consciencia humana, condicionada por una manera concreta de sentir y entender el movimiento, el espacio y el tiempo. Son consciencias de otro tipo, incomprensibles para ti y para mí, pero consciencias, al fin y al cabo. Y, en tanto que consciencias, nos podemos comunicar con ellas de un modo u otro, por inverosímil que te pueda parecer.

»Y, dado que les debemos tanto a los árboles y a los bosques —continuó el jardinero—, ¿qué menos que pedirles permiso cuando vamos a entrar en su "casa"? ¿No te parece? —añadió guiñándole un ojo.

La muchacha guardó silencio durante unos segundos, reflexionando sobre lo que le acababa de decir el jardinero.

—Bueno…, suponiendo que sea real esa comunicación de la que tú hablas —preguntó de pronto—, ¿qué te dicen? ¿Cómo hablan? O, mejor aún, ¿cómo sabes que te están hablando?

—Rara vez el mensaje lo traduce tu mente con palabras, porque en realidad es algo que sientes en tu interior —respondió el jardinero, viendo que la joven había abierto una puerta a la contemplación de otras posibilidades—. Es una sensación cargada de *certeza,* una certeza inapelable, que no sabes de dónde surge, pero que se impone por sí misma, y que muchas veces va acompañada de imágenes que aparecen de pronto ante los ojos de tu mente, ante tu imaginación.

—¡Lo que estás diciendo apunta a otro tipo de percepción! —indicó la joven, cuya mente científica no dejaba de analizar y obtener conclusiones.

—¡*Es* otro tipo de percepción!

—¿Y cómo es que yo no tengo esa percepción? —preguntó la joven en su exasperación al ver que no podía integrar aquellas ideas en su visión de las cosas—. ¿Cómo es que nadie tiene ese tipo de percepción… salvo tú?

—Mucha gente, en el mundo, tiene este tipo de percepción —respondió el jardinero—, pero la mayoría son gentes de otros pueblos, pueblos que no perdieron el contacto estrecho con el mundo natural. En muchos de estos pueblos… yo he vivido con ellos y te aseguro que es así. —Hizo un inciso—. En muchos de estos pueblos dicen que la imaginación es el medio que utiliza el mundo natural para comunicarse con los seres humanos.

—¡Pero eso son cosas de pueblos no civilizados! —repuso ella—. Los pueblos avanzados no se creen estas cosas...

—¿Y quién decide con qué vara medimos cuán avanzado está o no está un pueblo? ¿Acaso no lo decide el propio pueblo que se llama a sí mismo «pueblo avanzado»? —preguntó el jardinero—. Y, si hablamos de creer o no creer, ¿quién decide cuáles son las creencias correctas y cuáles las incorrectas? ¿El mismo pueblo que decide que sus creencias son las correctas y las de los demás son erróneas?

La muchacha no supo qué contestar. Al fin y al cabo, el viejo jardinero tenía razón.

—He estado muchos años recorriendo este hermoso mundo y conociendo a maravillosos pueblos y gentes, y te aseguro que, por desgracia, todos los pueblos se consideran el centro del mundo, del mismo modo que cada ser humano se considera también el centro del mundo. Pero ¿quién decide y cómo se decide que somos el centro del mundo? —volvió con sus preguntas el jardinero—. ¿No te parece que nuestra postura de «pueblo civilizado» es demasiado arrogante y necia, incapaz de mirar más allá de sus propias y limitadas entendederas?

La muchacha resopló, como si estuviera haciendo un esfuerzo mental por aceptar como válidas las reflexiones del jardinero.

—Suponiendo, y ya va dos veces que digo «suponiendo»... —dijo ella, que sin duda estaba interesada en el tema—, suponiendo que ese otro tipo de percepción existe, ¿cómo sabes que no son fantasías tuyas? ¿Cómo sabes que no estás fantaseando con que los árboles te hablan?

—Lo sabes cuando ves que tus supuestas «fantasías» tienen consecuencias o acaecimientos paralelos en la supuesta «vida real» —respondió el jardinero—. ¿No te ha sucedido nunca que hayas tenido un sueño o hayas imaginado o intuido algo en tu interior y que, poco después, eso haya tenido su reflejo en el mundo supuestamente «real»?

La joven miró al suelo por unos instantes y, al cabo, reconoció:

—Sí…, bueno…, una vez soñé que una amiga estaba angustiada y quería hablar conmigo, y al día siguiente apareció por mi casa llorando para hablar conmigo. ¿Te refieres a eso?

—¡Exactamente! Me refiero a eso y a otras muchas situaciones similares para las que no te van a dar respuesta en la universidad —dijo el jardinero—. Todo el mundo ha tenido alguna experiencia de ese tipo, en la que el mundo interior y el mundo exterior confluyen de pronto de un modo misterioso, pero no por ello menos real.

—Pero, como has dicho tú, de estas cosas no me van a hablar en la universidad cuando entre —dijo la chica reafirmándose—. Admito que esas cosas extrañas ocurren, pero el saber humano condensado en la universidad no lo admite como objeto digno de estudio.

—¿Y no te has preguntado por qué no lo admite? La universidad se ideó con el objetivo de que fuera allí donde se concentrara todo el saber humano, ¿no es cierto? —convino el jardinero—. ¿Por qué esta parte del saber humano se desecha y se menosprecia, mirándolo por encima del hombro?

»El problema estriba en que las universidades están en las ciudades —continuó el jardinero ante el silencio de la joven—, y en que sus profesores son personas de ciudad, con escaso o ningún contacto con el mundo natural. ¿Cómo esperas que sean conscientes de un tipo de percepción que no vas a poder desarrollar si no vives en estrecho contacto con la naturaleza, o si no eres miembro de un pueblo donde se transmita culturalmente ese tipo de percepción?

»A menos que pases buena parte de tus días inmerso en la naturaleza, jamás se te va a caer el velo de la mirada interna, de la visión imaginativa –añadió.

Todavía estuvieron debatiendo durante un largo rato, siendo escuchados y observados por los árboles y el resto de las criaturas del bosque, hasta que la joven del cabello rojo se detuvo y exclamó:

—Estoy exhausta.

—¡Pero si apenas habremos caminado una legua! –repuso el jardinero.

—No. No estoy exhausta de caminar. Estoy exhausta de pensar –dijo la joven.

—Te entiendo –respondió el jardinero con una sonrisa.

Y, dejando a un lado reflexiones y erudiciones, añadió:

—Anda, volvamos a la cabaña a comer y a beber algo, que los cachorros jóvenes necesitan comer con asiduidad.

Una pelea de gorriones

Una mañana temprano, en los alrededores del arroyo cantor, el jardinero se encontró de pronto con dos gorriones enzarzados en una agria pelea. Estaban en mitad del sendero y, aunque el jardinero se les aproximaba, los pájaros no se apartaban del camino, de tan ofuscados que estaban en su pugna.

Viendo que ni siquiera su presencia los llevaba a abandonar el combate, el jardinero detuvo sus pasos y se puso a observarlos. Sus piares agresivos, sus aleteos, acometidas, evasivas y saltos, quizás originados en la pugna por la posesión de una semilla –que debía yacer olvidada ya entre las hierbas–, entristecieron su corazón.

«¿Acaso es imposible un universo sin violencia, que hasta los gorriones se enzarzan ciegamente en una disputa?», pensó para sí.

Y recordó una algarada que había presenciado durante sus viajes, en un lejano país de Oriente. Atravesando una populosa ciudad, se encontró de pronto con un tumulto en el que cientos de personas se hallaban entregadas al abominable empeño de procurarse mutuamente el mayor daño posible. Incluso llegó a ver el brillo de los aceros bajo el Sol, y la roja sangre salpicando las ropas y empapando la tierra confiada.

Viéndose impotente para detener aquella locura colectiva, con el corazón encogido, el jardinero buscó un rincón seguro donde aguardar y observar, para, en cuanto tuviera una oportunidad, intentar ayudar a los heridos de cualquier modo que estuviera a su alcance.

Después de todo lo presenciado en aquella ocasión, el jardinero se pasó varios días meditando en su pecho lo sucedido, y preguntándose, y preguntando a la Vida, si el ser humano estaba atado irremisiblemente a la violencia.

Entendía que la violencia podía ser necesaria como una reacción de supervivencia meramente animal, pero su entendimiento no alcanzaba a comprender aquella entrega gratuita a la destrucción en la que se sumergían a veces los humanos.

Interpelando amargamente a la Vida en la intimidad de su corazón, el jardinero comprendió entonces que el Gran Misterio, que lo había imaginado todo y que anidaba en el secreto de todo cuanto existía, se hacía presente en todo a través de sus propias criaturas. Y pensó que él mismo, en su pequeñez, sólo podría aspirar algún día a ser consciente de los infinitos sucesos que pudieran estar teniendo lugar en sus venas o entre sus átomos sólo a través de los órganos de percepción de esos mismos átomos... o como quiera que se llamaran las minúsculas unidades que, pensaba él, componían su propio cuerpo.

—¿Y si tú miraras a través de mis ojos? —le dijo una noche al Gran Misterio, con una pregunta que en realidad era una súplica—. Si tú vieras lo que está ocurriendo en este mundo en el que yo habito, quizás entonces transformaras aquellas cosas que nacen del desamor.

Desde aquel día, toda vez que observaba un acto de violencia, o toda vez que se encontraba con alguna situación que se le antojaba injusta, oraba en su corazón diciendo:

«Contempla esto, por favor, a través de mis ojos. ¿No crees que sería adecuado que estas cosas dejasen de tener existencia en tu inabarcable imaginación?».

A lo cual añadía normalmente poco después:

«Si, aparte de tener que recurrir a mis ojos, necesitas recurrir también a mis manos, indícame con claridad qué puedo hacer yo para cambiar las cosas».

Como es obvio, los sucesos tristes y desagradables siguieron teniendo lugar en la realidad del jardinero, pero cada vez más intuyó formas y maneras de transformar esa realidad, de hacer del mundo un lugar más amable para todos los seres… hasta que comprendió que él tenía tanta necesidad de aquel Gran Misterio que lo era todo como el Gran Misterio que lo era todo tenía necesidad de él.

—¿Qué hacemos con estos pajarillos? –le preguntó al Gran Misterio en su corazón volviendo al presente del jardín.

Y, entonces, los gorriones dejaron de pelear y salieron volando en distintas direcciones.

—Jamás sabré si has sido tú o he sido yo, con mi presencia, quien ha hecho que los gorriones dejaran de pelear –le dijo en voz alta–. Pero ¿qué más da quién haya sido? –añadió–. Al fin y al cabo, yo no soy más que una de las imágenes con las que tú te mueves por este mundo sensible de tu imaginación.

Malos presagios

C uando el jardinero llegó al nacimiento del arroyo cantor tras la puesta de Sol para cerrar la compuerta de la acequia que daba riego al huerto, se encontró con un gnomo.

—Te estaba esperando –dijo éste.

Era un gnomo de avanzada edad, con una larga barba blanca. Iba ataviado con ropas de tonos pardos y verdes, con una esclavina verde con capucha cubriéndole los hombros.

«También entre los gnomos hay culturas», reflexionó el jardinero, acordándose de los gnomos de las regiones del norte, con sus característicos gorros rojos puntiagudos.

—¿Qué se te ofrece? –preguntó el jardinero.

—Supimos de tu regreso y me han encargado que viniera a hablar contigo –respondió el viejo gnomo–. Dada tu nueva condición, eres aún más necesario que antes.

El jardinero asintió con la cabeza, comprendiendo sus palabras.

—Es un honor para mí ser tenido en cuenta por vuestro pueblo y por el resto de pueblos que trabajáis por la Vida –dijo el jardinero.

El gnomo hizo una leve inclinación de cabeza en señal de reconocimiento, y continuó:

—Los tiempos anuncian malos presagios, y toda la comunidad de vida en los cielos, en la tierra, las aguas y el fuego vamos a tener que colaborar para eludir la catástrofe hacia la cual nuestros sabios advierten que nos estamos precipitando.

—Lo sé —dijo el jardinero—. Me llegó la noticia desde el Alma del Mundo a través de un humilde herrerillo. Sé que se aproximan tiempos difíciles.

—No es para ya, si nos atenemos al lapso de vida de los seres que habitáis el mundo sensible —le aclaró el viejo gnomo—, pero muchos de los que habitamos en estos planos de la Tierra seguiremos vivos para entonces.

—Entiendo —dijo el jardinero—, y sé que no hay tiempo que perder, que tendremos que anticipar situaciones e intentar encauzar esfuerzos.

El gnomo le miró gravemente al tiempo que asentía con la cabeza.

—Habrá un Concilio de Todos los Seres en breve —dijo el gnomo—, y se ha pensado que tú, al menos, deberías estar presente, como representante de los humanos de estas regiones.

El jardinero bajó la cabeza, pensativo.

—Quizás convendría que viniera alguien más, aparte de mí —dijo el jardinero—. Ya conocéis al actual jardinero, el que fue mi aprendiz, y también…

—Sí, que venga también esa joven de ojos y cabellos negros —le interrumpió el gnomo discerniendo su pensamiento, para añadir después—. Tu amigo, el Espíritu del Viento, irá a convocaros llegado el momento.

El jardinero asintió gravemente.

—Me alegra mucho verte por aquí de nuevo —le dijo finalmente el anciano gnomo con una sincera sonrisa.

Y, sin mediar más palabras, dio media vuelta y desapareció en el crepúsculo entre unos arbustos de boj.

De sequía y necedad

El corregidor y otros dos regidores del pueblo fueron a ver al jardinero un día, avanzada la tarde, con la intención de buscar consejo. Durante el otoño y el invierno anteriores había llovido escasamente y la gente en el pueblo temía que la sequía pudiera arruinar las cosechas cuando, entrada ya la primavera, seguía sin llover lo que hubiera sido de esperar en la estación.

Le encontraron caminando lentamente, pensativo, por el camino de los tilos, al parecer tan ensimismado en sus reflexiones que no se percató de la llegada de sus vecinos.

—Perdona que te asaltemos así y perturbemos tu ánimo en estos momentos de reflexión, jardinero –dijo el corregidor disculpándose–, pero, sabiendo que estás de nuevo entre nosotros, se nos ocurrió pensar que quizás tú, con tu sabiduría de las plantas y del mundo natural, podrías orientarnos con un problema que empieza a afectar a todo el pueblo.

—Si puedo ser útil a la comunidad, contad con todo cuanto yo pueda aportar –respondió el jardinero, olvidando sus reflexiones y poniendo toda su atención en los visitantes.

—En los últimos años, hemos observado que está lloviendo cada vez menos en nuestra región –comenzó sus explicaciones el corregidor–. Por algún motivo, las lluvias no son tan abundantes como antes, los ríos bajan con menos caudal e, incluso, las aguas de los pozos se retiran cada vez más hacia el fondo, lo cual nos indica que los veneros también empiezan a menguar en su caudal.

»Y, desde la última primavera, hace ya un año –continuó el hombre–, la lluvia ha sido muy escasa, por lo que mucha gente en el pueblo empieza a temer por sus cosechas de cara al final del verano.

»Posiblemente no puedas ayudarnos con esto, pues poco menos que estamos esperando un milagro, pero hemos pensado que quizás tú pudieras orientarnos de algún modo o decirnos algo que nos ayude a salvar las cosechas o a planificar las cosas de otra manera de cara a la próxima cosecha.

El jardinero miró a los hombres uno por uno a los ojos durante unos instantes, en silencio, cosa que les generó cierta confusión, al punto de llevar a uno de ellos a bajar la mirada.

—A veces ocurren milagros –dijo por fin el jardinero en un susurro, enigmáticamente–, pero no sería bueno que los milagros resolvieran los problemas causados por la necedad humana; pues, entonces, jamás se aprendería de los errores. Si así fuera, los seres humanos seguiríamos perpetrando necedades impenitentemente, a la espera de que los Cielos nos resolvieran siempre el problema. ¿No os parece?

Los hombres se miraron entre sí sin saber cómo responder a tan inesperadas reflexiones.

—Cuando regresé a la región hace un par de meses –continuó el jardinero–, me percaté de que, durante mis años de ausencia, un buen número de bosques de encinas y robles, e incluso de dehesas, habían desaparecido. Y vi que, donde antes había bosques que daban sombra y acogían vida, ahora había campos y más campos de cultivo… áridos campos de secano.

»Aquello me hizo sentir una tristeza infinita –continuó el jardinero–, pues yo había llegado a conocer como a amigos a algunos de aquellos árboles, los más viejos, que ni siquiera fueron respetados por su edad ni por su majestuosidad, aunque fuera para vivir en medio de los campos de cultivo.

—Bueno... –dijo el corregidor vacilando– Es que... la gente tiene que dar de comer a sus hijos, y dice que las raíces de esos árboles les quitan el agua y el alimento a las vides de alrededor...

—¿Y para que veinte o treinta vides den un poco más de uva durante veinte o cuarenta años taláis árboles de quinientos o setecientos años de edad? –preguntó el jardinero gravemente, mirando fijamente a los ojos al corregidor–. O, peor aún, ¿taláis un bosque entero, destruís cientos o miles de vidas de árboles, para hacer nuevos cultivos que no necesitáis para sobrevivir, sino sólo para obtener más dinero con el cual satisfacer vuestros caprichos?

Los hombres dieron muestras de sentirse verdaderamente incómodos, pues ellos eran también campesinos y sabían de lo que el jardinero estaba hablando.

—Si no hay árboles, ¿quién llamará a las nubes para que compartan su agua con la tierra? –preguntó retóricamente el jardinero mirando a los ojos a cada uno de los tres hombres.

Los hombres se sintieron sumamente violentos, pues no esperaban tanto rigor en alguien a quien se recordaba en el pueblo como una persona afable y afectuosa.

—Bueno... –titubeó el corregidor, medio avergonzado, medio molesto–, quizás nos hemos equivocado al venir aquí...

—No, no os habéis equivocado –le interrumpió el jardinero suavizando la expresión acusadora de su rostro–. Pero habéis venido en busca de mi consejo y eso me obliga a ilustraros con lo mejor de mis conocimientos.

»Los árboles son sagrados –continuó el jardinero poniendo énfasis en sus palabras–, pues ellos proveen para que todos los seres vivos, sea cual sea su linaje, disfruten del entorno adecuado para vivir y para que críen a su progenie. Si necesitáis más tierra para daros algún capricho, cultivad terrenos donde no crezcan árboles...

—Pero esos terrenos suelen ser pobres para cultivar –protestó uno de los regidores–. ¡Supondría mucho más esfuerzo acondicionarlos y abonarlos para que den cosechas!

—La tierra nos da suficiente para que todos sobrevivamos –respondió el jardinero–, y nos da abundantemente, incluso para compartir. Pero, si queréis daros un capricho más allá de la supervivencia, entonces tendréis que lograrlo a base de esfuerzo, porque, si taláis árboles para aprovechar sus fértiles suelos, ocurrirá lo que os estáis temiendo ahora: ¡que lo perdáis todo por causa de la sequía, incluso vuestra supervivencia!

Los hombres bajaron la mirada reconociendo en el fondo, aunque a regañadientes, que el jardinero tenía razón.

—¿Cómo podéis lamentaros de la sequía, si sois vosotros los causantes de ella? –les dijo finalmente el jardinero con voz grave.

Un silencio pesado se cernió entre los cuatro hombres, al cabo del cual el jardinero bajó la mirada y, como reflexionando en voz alta, repitió:

—Si no hay árboles, ¿quién llamará a las nubes para que compartan su agua con la tierra?

Esta vez, ninguno de los hombres se atrevió a decir nada. El jardinero bajó la cabeza, angustiado por tener que hablar así a aquellos hombres, mientras una solitaria lágrima caía por el rincón de su piel entre la mejilla y la nariz, para ocultarse finalmente en su bigote.

—No, no os habéis equivocado viniendo aquí —les dijo de nuevo, esta vez casi en un murmullo—. Volved tranquilos. A partir de mañana lloverá de nuevo.

Y añadió mirándolos de nuevo a los ojos:

—Pero entrad en razón y haced entrar en razón a la gente para que no sieguen la vida de los árboles tan alegremente por mera codicia, pues quien niega la Vida acabará siendo negado por la Vida cuando se enfrente a las consecuencias de sus errores.

Los hombres no dijeron nada. Simplemente, esbozaron con sus labios una despedida y dieron media vuelta para alejarse de allí, confusos, sin saber qué había ocurrido, si el jardinero había dado a entender que realmente podría provocar un milagro o si, simplemente, les había señalado sus errores, instándolos a asumir las consecuencias de sus actos.

Aquella noche, en el bosque viejo, las hadas vieron al jardinero abrazado a la Madre Haya, llorando amargamente como un bebé que se aferrara a las piernas de su madre, desconsolado.

Al día siguiente, una lluvia suave, callada y persistente comenzó a caer en la región, y estuvo lloviendo así durante seis semanas.

Mientras tanto, en el pueblo corrió la voz de lo ocurrido en la conversación del corregidor y sus ayudantes con el jardinero, pero nadie supo a ciencia cierta a qué atenerse. En tanto que hubo unas pocas personas que llegaron a sospechar que quizás el jardinero tuviera «poderes sobrenaturales», otros pensaron que el jardinero, como buen observador de la naturaleza, ya sabía que iba a llover al día siguiente. También hubo quien pensó que aquello había sido una simple coincidencia y que la lluvia iba a llegar de todos modos al día siguiente de la conversación.

La Madre Haya

A quella misma noche, tras la triste conversación manteni-
da con el corregidor y los regidores, el jardinero partió
hacia el bosque viejo y se sumergió en él con su pesar. Sabía
lo que tenía que hacer y sabía cómo hacerlo, pero estaba avergonzado por el comportamiento de sus hermanos humanos
y no sabía cómo podría desgranar sus palabras para hacer su
petición.

Atravesó el bosque en silencio hasta que llegó a las inmediaciones de un árbol colosal, la Madre Haya, el árbol más
grande y antiguo del bosque, que dejaba al descubierto sus
sinuosas y laberínticas raíces al aferrarse al talud sobre el cual
aquel gran ser se elevaba.

El jardinero se descalzó y trepó el talud por entre los huecos de las raíces y, cuando llegó a la base del tronco, extendió
sus brazos como pudo en torno a su talle, incapaz de abrazar
siquiera la mitad de su contorno. Pegando su corazón y su
frente a la Madre Haya, el jardinero rasgó el silencio impene-
trable del bosque con el susurro de su voz.

—¡Oh, Madre del Bosque! ¡Madre que cuidas de todos
nosotros, de los seres que poblamos las llanuras, los valles y
los montes por donde se extienden tus interminables raíces
y las de tus hijos! Escúchame, por favor, porque lo que te voy
a pedir, por injusto que sea, no busca sino el bien de todos

cuantos tú te comprometiste a proteger, cuando el Misterio te situó como guardiana y protectora de esta región.

»Bien sabes que puedo sentir a través de tu piel el lacerante dolor que tú y todos tus hermanos e hijos sentisteis con la muerte de los bosques y los viejos árboles solitarios a quienes los hombres arrebataron la vida inmisericordemente. Y quiero creer que sabes que, si yo no hubiera recibido el mandato de partir, habría intentado evitaros ese tormento..., si bien debo admitir que, en mi pequeñez, quizás no hubiera podido hacerles desistir de su estúpido empeño.

»Sin embargo, ahora debo rogarte y pedirte por ellos, y más allá de ellos, por tantas personas buenas y compasivas como hay en esta región, y por todos los seres que, más allá de los humanos, pueblan la tierra, las aguas y los aires de los territorios de los que eres guardiana.

El jardinero calló por unos instantes, mientras la congoja hacía presa en su pecho por el dolor de los árboles caídos, y un espasmo de llanto se desbordaba desde su corazón hasta brotar por sus labios y sus ojos.

El bosque pareció iluminarse de pronto con un tenue resplandor numinoso, de otro mundo, y el jardinero sintió que la Gran Madre Haya y todos los árboles y plantas del bosque, y toda la vegetación existente más allá del bosque viejo, por llanuras, praderas y vaguadas, valles, barrancos y montes, hasta donde se extendieran y entrecruzaran sus raíces, escuchaban con atención sus palabras.

—¡Oh, Madre Haya! ¡Oh, hermanos que vivís de pie, enlazando el cielo con la tierra! Os ruego que os apiadéis de vuestros hermanos pequeños, los humanos, que, en su ignorancia, aún no disciernen bien las consecuencias de sus decisiones. Os ruego que os apiadéis, si no de ellos, de sus hijos, que nada tendrán que llevarse a la boca en breve si no llueve pronto. Esos pequeños nada os hicieron y, quizás algún día, renieguen de los actos de sus padres para velar por vosotros y el resto de los seres, conscientes del gran tejido de hilos íntimamente entrelazados en el que se hallan inmersos.

»Por favor, convocad a vuestras amigas y hermanas nuestras, las nubes, pues sé que de vosotros atenderán la llamada que de mi alma no alcanzan a escuchar. Pedidles que dejen caer sobre vuestras hojas y sobre el polvo de los campos su inapreciable tesoro húmedo. Decidles que, si no por los humanos, lo hagan por la angustiada tierra reseca y por todos los seres que viven en ella y bajo su superficie, para que los regueros sacien la sed de la Vida toda en sus infinitas expresiones.

»Decidles que los ríos están ansiosos por discurrir de nuevo frescos y cristalinos, que los lagos necesitan asomarse de nuevo a sus orillas para besar los pies de los álamos, y que los veneros subterráneos necesitan fecundar de nuevo las entrañas de la Madre de todos con el amor que el Padre Cielo depositó dulcemente en sus gotas.

»Pedidles, os lo ruego, que renueven una vez más la promesa que las ata al devenir de la Vida y sus ciclos desde los comienzos del tiempo. Decidles que los humanos enmendarán sus caminos más pronto que tarde y despertarán del sopor de su absorta necedad. Decidles que estos pobres locos están llamados a hacer cosas muy grandes, pero que las miríadas de seres de la comunidad de vida que viven por encima, sobre y dentro de nuestra Madre deberán ser pacientes hasta que emerjan de su febril y destructiva pubertad. Será entonces cuando asuman, por fin, su legítimo destino como cuidadores de todos los seres.

El jardinero enmudeció cuando sintió que la Madre Haya le hablaba en nombre de todos sus hermanos y hermanas, y sintió que en los árboles no había resentimiento alguno ni afán de venganza en el hecho de no invocar a las nubes. Sintió que hasta aquello era un acto de amor supremo del Pueblo que Está en Pie, aunque la consciencia humana fuera incapaz aún de desentrañar su sentido y su razón. Y sintió que no discernían un motivo suficiente para llamar a las nubes, a pesar de las palabras de aquel humano que siempre les había tratado con dulzura.

Pero el jardinero no se dio por vencido con aquella respuesta, pues vivía en la certeza de que el amor puede tener infinitos rostros y miradas, y que había un Amor aún más grande, que podía transformar por completo con su luz el aspecto de cualquier paisaje. De modo que, levantando el rostro para mirar a la Madre Haya a sus ramas y sus hojas más elevadas, el jardinero habló con voz dulce y delicada, pero colmada de poder.

—A pesar de mi aspecto, quien os habla abandonó tiempo ha las moradas opresivas que le constreñían. Mirad el espejo de mi corazón y veréis que no se refleja en él otro que el Misterio. Y, si yo pude hacerlo, no dudéis que mis hermanos y hermanas podrán hacerlo asimismo, quizás aún en vida vuestra.

»Es desde el Misterio que os digo que el Amor tiene senderos por siempre desconocidos, inescrutables para todos hasta que el propio Misterio los abre y los desvela.

»Así que mirad de nuevo, os lo ruego, en lo profundo de vuestro Ser, y decidme si no veis ahora un nuevo camino, ostensible bajo la fulgurante luz de las estrellas.

La etérea luz que había inundado el bosque cuando el jardinero se llenó de congoja adquirió de pronto una gran intensidad, y una ola de gozosa paz recorrió lo profundo de la espesura. Y el jardinero sintió las palabras de la Gran Madre Haya, que le decía que el Pueblo que Está en Pie había visto el sendero bajo las estrellas y que aquella misma noche convocarían a las nubes para pedirles que descargaran sus fecundantes aguas sobre todos los seres en la región.

Y el jardinero se deshizo en llanto y agradecimiento, mientras la Madre Haya hacía descender su rama más cercana para acariciar con sus hojas su cabello.

Aquella noche, el jardinero durmió en el vientre de la Madre Haya, en el hueco que su añoso tronco había abierto con los siglos para dar cobijo a los seres del bosque que necesitaban protección y consuelo.

Bendición

E l silencio se posó sobre los senderos del jardín cuando las nubes, oscuras y descomunales, comenzaron a descargar sus tesoros de agua y fuego. Una delicada llovizna enmudeció al mundo y forzó a animales, humanos, hadas, árboles y plantas a buscar refugio en su corazón, en las moradas reflexivas donde los seres toman conciencia de estar vivos.

El leve arrullo de la lluvia impregnó el Alma del Mundo con los ritmos de un universo ordenado, mientras la fragancia del ozono y de la tierra húmeda la llenaban de un vigor olvidado en los vestigios de otro mundo. La hoja única de un roble recién nacido soportaba estoicamente el obcecado golpeteo de las gotas, que se precipitaban sobre ella desde las frondas del árbol que le había dado el ser. (La Madre –y la Vida– nos obliga a inclinar humildemente la cabeza ante los de otro modo inadvertidos milagros del Misterio).

Un lirón de ojos asustados asomó de pronto sus delatoras orejas por encima de un grupo de flores de diente de león, que habían abandonado súbitamente su conversación con la caída de la primera gota. El lirón lo observó todo y olisqueó su entorno nerviosamente, antes de mirar al cielo y cerrar los ojos como quien recibiera una bendición.

Naturaleza

Cómo se hacen los milagros? –preguntó la joven de los ojos negros al jardinero.

El hombre la miró con ojos enamorados.

—No es «cómo» –respondió–. Es «cuándo».

La joven de los ojos negros hizo un mohín de impaciencia.

—Bueno, pues, ¿cuándo se hacen los milagros?

Y el jardinero lanzó otra mirada a la joven con aire divertido, y la hizo esperar unos instantes más antes de responder.

—Cuando un ser realiza su verdadera naturaleza –dijo al fin.

La joven ladeó la cabeza, frunciendo al mismo tiempo el entrecejo.

—No entiendo –dijo.

El jardinero levantó la cabeza y miró al cielo.

—Mira a los árboles. ¿No es un milagro que asciendan tan alto hacia el cielo? Sin embargo, nacieron para eso, para conectar el cielo con la tierra. La Vida les dio esa naturaleza. Y, cuando la realizan, se produce el milagro.

»Observa las semillas...

—Sí –le interrumpió la joven–. Las semillas llevan dentro un árbol enorme.

—Exacto –respondió él–. ¿Y no te parece eso un milagro? ¿Cómo de una semilla tan pequeña puede surgir un árbol tan grande? El árbol estaba dentro de ella, pero no se podía ver. Hasta que la semilla renunció a ser semilla y realizó su verdadera naturaleza, y se convirtió en un gran árbol, para ofrecer sombra a todos los seres y dar cobijo a las aves.

Mas la joven de los ojos negros no se conformaba con aquellas respuestas que, de algún modo, ella ya conocía.

—Pero, ¿cuál es nuestra verdadera naturaleza…, quiero decir…, la de las personas?

El hombre adoptó un gesto grave y respondió casi en un susurro:

—Nuestra verdadera naturaleza es el Amor. No somos otra cosa más que Amor.

—Pero…, entonces… –dijo la joven extrañada–, ¿cómo puede ser que los seres humanos hagan tantas maldades? ¿Cómo puede ser que se hagan daño unos a otros, y se maten? Si nuestra naturaleza es el Amor, ¿cómo es que no se ve Amor a nuestro alrededor?

Una sombra cruzó el rostro del jardinero.

—Al igual que las semillas, que tienen el árbol dentro pero no lo puedes ver, en los hombres hay un Amor infinito, pero no lo puedes ver hasta que el hombre renuncia a sí mismo y deja que se manifieste su naturaleza.

»Por desgracia, a diferencia de los pájaros, que todos ellos vuelan y surcan los cielos, muchos hombres no llegan a realizar nunca aquello para lo que nacieron. Son como muchas bellotas que caen de los robles y de las encinas, que se niegan a dejar de ser semillas y se pierden el milagro de convertirse en árboles, pudriéndose finalmente en el suelo sin haber llegado a sacar ni un simple brote, ni una minúscula hoja.

El jardinero hizo una pausa mientras observaba a la joven, y luego, sonriendo de nuevo, añadió:

—Pero con las semillas que llegan a realizar su verdadera naturaleza, la Vida creará grandes y frondosos bosques, donde jugarán las ardillas y cantarán los arroyos.

La joven de los ojos negros bajó la cabeza pensativa.

—¿Y qué pasará con las semillas que se pudrieron a los pies de los robles y de las encinas? –preguntó al fin tristemente.

El jardinero dejó ir su mirada en los negros ojos de la muchacha y dijo:

—Al menos, en algún lugar recóndito de su ser, les quedará el consuelo de que la Vida aún pudo extraer de ellas su verdadera naturaleza, al darlas como sustento a las raíces de los grandes árboles.

Creer

¿Tú crees en los milagros? –preguntó la joven de los ojos negros a la dama silenciosa.

Estaban conversando en mitad de la tarde a la sombra del olivo centenario, sentadas sobre el banco de madera que rodeaba a un par de metros de distancia el tronco del árbol.

—Creo en muchas más cosas de las que te imaginas –respondió la dama silenciosa enigmáticamente, esbozando una sonrisa traviesa.

—Hay gente que dice que la lluvia de las últimas semanas fue un milagro del viejo jardinero –dijo la joven, a quien no le había sorprendido en modo alguno la respuesta de la dama–. ¿Qué piensas tú de eso?

La dama silenciosa se miró las manos, reflexionando, antes de contestar:

—La gente llama «milagro» a aquello para lo que no tiene una explicación racional –dijo finalmente–. Pero la razón sólo es capaz de comprender y abarcar una pequeña parte de la realidad, una realidad que es mucho más grande y asombrosa.

La joven sonrió tras un mechón de su negro cabello, comprendiendo que la dama silenciosa tenía mucho más que compartir que lo que su silencio pudiera sugerir.

—Te imagino siendo una profunda conocedora de esa realidad asombrosa –dijo la dama a continuación–. Te imagino explicando a los demás en qué consisten los milagros.

La dama silenciosa se levantó y, mientras se sacudía el polvo de la parte trasera de la falda y se la alisaba, dijo sin mirar a la joven siquiera:

—Pero, para eso, tendrás que realizar un largo aprendizaje.

Tras lo cual le dio un cariñoso abrazo y se marchó en dirección a las huertas a buscar algo con lo que preparar la cena, mientras la de los ojos negros la veía marchar sin atreverse a pedir más detalles.

El poder de los árboles

El viejo jardinero y la joven de los ojos negros habían vuelto a coincidir en el templete de los atardeceres buscando la fragancia del jazmín y el esplendor glorioso del Sol del ocaso.

—Alguien me dijo que te vio en el bosque viejo la noche antes de que comenzaran las lluvias –dijo la joven con la sonrisa de un viejo cómplice.

El jardinero esbozó la leve sacudida del que ríe para sus adentros y la miró con ojos burlones, brevemente, de soslayo.

—¿Es por eso por lo que me preguntaste hace tres días cómo se hacen los milagros? –respondió él mirando al horizonte.

La joven se echó a reír abiertamente.

—¡Por supuesto! –dijo llevándose la mano a la tripa.

Al cabo de unos segundos, tras el arrebato de risa, la joven preguntó:

—¿Cómo sabías que era a los árboles a quienes había que pedir la lluvia?

El jardinero miró a la muchacha aún sonriendo.

—Porque son ellos quienes llaman a las nubes cuando tienen sed –dijo–. Además, los árboles son la espina dorsal que une a la tierra con el cielo, son quienes mejor conocen las necesidades de los seres que pululamos por la tierra y quienes tienen acceso a los bienes y las bendiciones que vienen del cielo.

»Pero, además –continuó–, los árboles son tan poderosos en bondad como en fortaleza. ¿Te das cuenta de que son las únicas criaturas de este mundo que decidieron pasar toda su existencia en un único lugar, sin moverse?

La joven de los ojos negros levantó las cejas, como indicando que no se le había ocurrido verlo de ese modo.

—Es cierto –dijo ella–. Todo el mundo da por hecho que los árboles no *pueden* moverse y, sin embargo, quizás decidieran que no *quieren* moverse.

El jardinero asintió con la cabeza.

—La quietud de los árboles es lo que les da su inmensa fuerza –continuó él–. El hecho de no moverse les lleva a acumular mucho poder. Y es por ello por lo que, desde su quietud, son capaces de evocar a las fuerzas más poderosas de la tierra, para que acudan en su ayuda… y en la nuestra –agregó levantando las cejas.

Y añadió con una voz grave:

—Sin los árboles, estaríamos perdidos.

El Sol se puso y el cielo occidental se probó todos sus vestidos de colores hasta ataviarse con la túnica cárdena del crepúsculo, mientras la joven y el jardinero se entregaban a la contemplación de la Belleza.

Al cabo, la joven rompió el silencio con su delicada voz:

—En el pueblo hay gente a la que le gustaría hacerte preguntas…

El jardinero se echó hacia atrás y replicó:

—Saben que, mientras he estado en el jardín, la puerta siempre estuvo abierta para responder a sus inquietudes.

—Sí, pero hay gente a la que parece no bastarle con eso —dijo la joven—. Quieren saber más... quieren conocer los misterios de la Vida...

El jardinero guardó silencio por unos instantes, reflexionando, hasta que, finalmente, se puso en pie con la intención de regresar a su cabaña.

—Diles que vengan aquí a ver el atardecer el primer día de cada semana —dijo el jardinero.

Y, mientras comenzaba a bajar las escaleras del templete, añadió sin mirar a la joven:

—Y di a tus amigas las hadas que no sean tan chismosas. No deberían haberte contado lo que ocurrió en el bosque viejo.

Y la joven respondió con desparpajo:

—Es difícil guardar secretos cuando todo el bosque te mira... y hay mucha gente capaz de entender el lenguaje de la Vida, ¿no te parece?

El jardinero, sin volverse, soltó una carcajada y tomó el camino que llevaba a las interioridades del jardín.

—Pero... ¿qué otro secreto ocultas? —preguntó para sí la joven en un murmullo, mientras veía al jardinero alejarse sendero abajo.

La grosella espinosa

Con la primera noche cálida de la primavera, los tres habitantes humanos del jardín decidieron cenar juntos bajo las ramas del olivo centenario. La Luna, casi llena, vino a acompañarlos calladamente, sacando destellos plateados de las afiladas hojas del olivo toda vez que una muda y tenue brisa las agitaba en su sueño.

Tras la cena, y con el flujo cordial de un par de vasos de vino, los dos jardineros y la dama se entregaron a la intimidad de los corazones en sus anhelos y memorias. El joven jardinero le contó a su maestro cómo se le habían abierto los «ojos» al fin, un día, mientras cuidaba de unas violetas, cuando «vio» súbitamente a una minúscula hada de alas de libélula sacándole la lengua.

—Pues no te imaginas el susto que se dio cuando vio al Espíritu del Viento —intervino la dama silenciosa, divertida—. Yo, entonces, todavía no conocía el jardín, pero me lo contó entre risas años después el Espíritu del Viento.

El joven jardinero bajó la cabeza riendo, con un tinte de rubor en las mejillas. ¿Cómo olvidar la sorpresa que supuso para él ver a aquel ser traslúcido y azulado de más de dos metros de alto, mirándole con afecto desde sus grandes, profundos y rasgados ojos?

—Supongo que los espíritus de la naturaleza te invitarían a sus celebraciones –comentó el viejo jardinero.

—Por supuesto, maestro –respondió el otro–. Todos los años me invitan a su celebración del fin de los trabajos de primavera…

—Y todos los años las hadas le iluminan la nariz con el polvo dorado de sus alas –le interrumpió la dama, provocando las risas y los recuerdos de aquel que había pasado antes por ese trance.

Fue entonces cuando el viejo jardinero vino a recordar un episodio vivido durante su largo viaje por tierras insólitas.

—Pues hay veces en que los espíritus de la naturaleza no son tan amables –dijo el viejo jardinero.

Y relató cómo, en un país septentrional en el que estuvo viviendo por algo más de tres años, tuvo el placer y el privilegio de conocer a otro jardinero, un hombre lleno de luz, amable, de risa estentórea, que gustaba de contar viejas historias de su pueblo. Un día, mientras nuestro jardinero trasteaba por entre los arbustos del jardín de su amigo y colega, notó un pinchazo en un dedo al acercar la mano a una grosella espinosa.

«¡Tú te lo has buscado!», escuchó decir a alguien desde el suelo mientras se chupaba la yema del dedo. Era un minúsculo duende velludo y nudoso, ataviado con un gorro verde, que se lo había echado hacia atrás, desafiante, tras agredir al jardinero con una espina de su mata.

Aquel pequeño ser, hosco y deslenguado, era el espíritu del arbusto, una exótica grosella de tierras frías, leñosa, de hojas grisáceas y con agudas espinas, con las que protegía sus frutos de los hurtos de pájaros, ardillas y erizos.

—Aquel duende, o lo que quiera que fuera, no dejaba títere con cabeza –comentó el jardinero entre risas–. Si le hablabas de las hadas, decía «¡Malditas sean las hadas!». Si le hablabas de las grosellas francesas, decía «¡Malditas sean las grosellas franchutes!». Y cuando me dijo que tuviera cuidado con el vino de grosella de mi anfitrión, pues era de una grosella distinta a la suya, al preguntarle cómo era que mi amigo no había hecho el vino con los frutos de su mata, aquel duende menudo y orgulloso me dijo: «Ese idiota no tiene ni idea de dónde buscar. ¡Es un tonto de la grosella!».

Las risas de los tres amigos se escucharon en todo el jardín.

—Pero aquel personaje menudo era un buen tipo –continuó el jardinero–. Tras decirme que me había pinchado «sin mala intención», me ilustró sobre las bondades de sus frutos, dulces y ácidos, duros y peludos por fuera, pero jugosos y rebosantes por dentro. Y me habló de una vieja receta de la región que se hacía con salsa de grosella.

Ésa me la tendrás que pasar –le interrumpió su antiguo aprendiz–. La haré para celebrar el solsticio de verano con nuestras amigas las hadas del jardín.

—Es un plato muy sabroso –respondió el viejo jardinero–, pues, aquella misma noche, mi amigo jardinero lo cocinó para mí y…

El jardinero se detuvo unos instantes, adoptando un tono enigmático, antes de continuar:

—… y aquella noche nos bebimos nada menos que tres botellas del vino de grosella del que me había advertido el pequeño espíritu del jardín; un vino tan seco como para retorcerte la lengua, como decía mi amigo.

Las risas resonaron de nuevo por los senderos del jardín, mientras la Luna observaba divertida la amable reunión.

—Cuando llegamos a la tercera botella –continuó el jardinero–, mi amigo y yo nos confabulamos para hacer del mundo un jardín y poner en vereda a tanto infame como maltrata al mundo, al tiempo que brindábamos por el pequeño ser que me había perforado la yema del dedo «sin mala intención».

—¡Qué vino más productivo! Habrá que conocer a los espíritus de las grosellas –dijo el antiguo aprendiz entre risas.

—Al menos, te divertirás con ellos –respondió el jardinero–, pues aquel personaje peludo, moreno y nudoso del arbusto, aún tuvo una ocurrencia más aquella noche. Cuando mi amigo me despedía en su jardín, me volví hacia el arbusto de mi amigo menudo y brindé por él, levantando el último vaso de vino de grosella y diciendo en su propio idioma: «¡*Slainté!*». Y, de pronto, del fondo del arbusto surgió una voz ronca que decía: «*Verra guid*. Pero ten cuidado y mea recto, o llegarás a casa hecho unos zorros».

En el pueblo, en el silencio de la noche, se escucharon unas carcajadas lejanas, pero nadie supo que eran fruto de chistes de jardineros de mundos distantes.

El Gnomo de la pala

El jardinero estaba cavando un pequeño hoyo con las manos a los pies de un viejo almendro para plantar unas petunias cuando, de pronto, vio unas botas pequeñas de color pardo que se detenían al borde del agujero. Levantó la vista y vio que era un gnomo con una pequeña pala al hombro.

—Veo que ahora eres tú quien cava agujeros –dijo el gnomo.

En aquel momento, una imagen fugaz pasó por su memoria. ¡Era el gnomo que tantos años atrás estaba cavando un agujero junto a una gran seta!

—¿Eres tú el gnomo que buscaba un tesoro para sentirse vivo? –preguntó el jardinero, sorprendido.

—¡El mismo! –contestó el gnomo con una sonrisa de satisfacción al ver que se acordaba de él.

El jardinero se incorporó y, curioso, preguntó:

—Y, más allá de sentirte vivo, ¿encontraste algún tesoro?

—No –respondió el gnomo–. Una niña de ojos negros vino un día y, en su inocencia, me dijo algo que me sumió en la confusión, y me hizo ver que no iba a poder sentirme vivo si desperdiciaba mi vida cavando hoyos sin sentido.

—Ya veo –dijo el jardinero–. Y, finalmente, ¿le has encontrado sentido a todo y te sientes vivo?

—Sí –respondió ufano el gnomo–. Ahora no necesito «hacer» nada para sentirme vivo. Ahora sólo me basta con «ser».

—¿«Ser» qué? –preguntó el jardinero.

—¡El gnomo de la pala! –respondió el pequeño personaje con una gran sonrisa de satisfacción.

El jardinero lo miró en silencio con gesto adusto, reflexionando para sus adentros, mientras el gnomo esperaba nerviosamente algún tipo de reacción positiva, de encomio, o alabanza incluso.

—¿Quieres decir que, para sentirte vivo, has cambiado el «hacer» algo por «ser» algo por el mero hecho de llevar una pala al hombro? –preguntó el jardinero al fin, hablando bajito, como intentando hacer menos daño con su observación.

Al gnomo se le cayó la sonrisa y pareció sumirse en la perplejidad, y el jardinero se sintió terriblemente mal, pensando que, aunque sabía que le estaba haciendo un favor, quizás podría haberle hecho ver aquella incongruencia de un modo más afectuoso y amable. «Al fin y al cabo –pensó–, todo tenemos incongruencias».

De pronto, el gnomo tomó la pala de su hombro y la arrojó como un trasto viejo al hoyo que había cavado el jardinero para plantar las petunias; y, dando media vuelta, se fue en silencio de allí.

—Lo siento mucho, amigo –dijo el jardinero, sinceramente apesadumbrado–. Quizás… podría haber dicho las cosas de otra manera.

El gnomo no dijo nada. Sin volver la cabeza, levantó el brazo e hizo un gesto con la mano como para restar importancia a lo sucedido, y desapareció entre las frondas de un laurel.

Las hogazas de pan

Con la llegada del verano, poco más de una veintena de personas convergieron lentamente en la explanada del templete de los atardeceres, cuando el Sol mediaba la tarde. Habían acudido allí al correrse la voz de que el viejo jardinero estaría en aquel lugar el primer día de cada semana para responder a las preguntas de quienquiera que tuviese interés por discernir los misterios de la vida y la naturaleza, del cielo y la tierra, del dolor y el gozo, del tiempo y de la eternidad.

La mayor parte de las personas que acudieron eran mujeres, gente del pueblo, muchas de ellas bien conocidas del jardinero, incluso amigas de antaño, de cuando creó el jardín. Pero también había gente de la ciudad que, habiendo oído hablar de aquel peculiar personaje, no habían querido perder la ocasión de escucharle. También estaban, cómo no, su antiguo aprendiz y la dama silenciosa, la joven de los ojos negros y la muchacha del cabello rojo.

Y pareciera que todos los seres y los elementos de la naturaleza en aquellas tierras quisieran escuchar también las palabras del jardinero, pues el Sol aletargado del atardecer pareció detenerse en el tiempo, sumiendo el paraje de pronto en una inusual quietud.

El jardinero, antes de atender a las preguntas de la gente, sintió la necesidad de contarles una historia.

—A ver qué os parece… –comenzó, bajando la mirada para situarse en otro mundo–. Una mujer amasó cuatro hogazas de pan con la harina del trigo que la tierra daba a la familia para su sustento, y las llevó al pueblo para que el hornero se las cociera antes del mediodía.

»Cuando volvió a por las hogazas, dio al salir del horno con otra mujer. Ésta llevaba los vestidos raídos, y se le acercó para pedirle que, por compasión, compartiera con ella algo de su pan para poder dar de comer a sus hijos. Pero la mujer de las hogazas se negó a compartir su pan, aduciendo que ella también tenía que dar de comer a su familia y que no podía entretenerse, pues pronto regresarían todos del campo y tendrían hambre.

»Sin embargo, al salir del pueblo y emprender el camino de regreso a su hogar, un tropezón le hizo perder el equilibrio, de tal modo que dos de las hogazas de pan cayeron sobre un charco de orines que las caballerías del mercado habían dejado mientras esperaban la entrada en el pueblo. La mujer se lamentó por su mala fortuna, pero razonó que, con las dos hogazas restantes, su familia tendría suficiente sustento para terminar el día, y que ya volvería a amasar pan al día siguiente.

»Sin embargo, en ese momento, la imagen de las dos hogazas empapadas con los orines de las mulas y los asnos la llevó a pensar en la mujer de los vestidos raídos que la había abordado al salir del horno. "Si le hubiera dado esas dos hogazas –pensó–, ella habría podido dar de comer a sus hijos y ahora no se habrían desperdiciado, pues ni siquiera las ratas querrán comérselas". De modo que regresó a su casa con gran pesar de corazón, sin poder apartar de su mente a la mujer menesterosa.

»Al día siguiente, volvió a amasar cuatro hogazas de pan y partió de nuevo hacia el pueblo para encargarle al hornero que las tuviera cocidas antes del mediodía. Y, cuando fue a recoger su pan recién cocido y salió del horno, se encontró de nuevo con la mujer que el día anterior le había pedido que compartiera sus hogazas. Estaba en una esquina, frente a la puerta de la panadería, esperando a que alguien se compadeciera de ella y tuviera a bien darle un poco de pan o una limosna. Pero la mujer de los vestidos raídos ni siquiera la miró en esta ocasión, rehuyendo su mirada al reconocer a la que el día anterior se había negado a compartir hogaza alguna.

»Con el corazón encogido al ver su huidiza reacción, la mujer de las hogazas se acercó hasta la menesterosa y, dejándole los cuatro panes en el regazo de la falda, le dijo en un susurro: "Toma. Así tendrás para dar de comer a tus hijos durante varios días".

»Mientras se alejaba, vio por el rabillo del ojo que la mujer de los vestidos raídos le extendía la mano para darle las gracias, con la voz entrecortada por el llanto. Tampoco ella pudo contener su llanto a pesar de su rápida huida, aunque sintió que sus lágrimas lavaban de algún modo la mezquindad con la que se había conducido el día anterior.

»Con la cabeza alborotada por lo sucedido, la mujer no se percató de que no llevaba pan para su familia hasta que salió del pueblo y se vio junto al charco de orines del día anterior. Ahora ya no disponía de tiempo suficiente para llegar a casa, amasar más pan, llevarlo al horno y regresar con él para ponerlo sobre la mesa familiar. ¡Se lo había dado todo a la otra mujer, sin haber pensado en ella ni en su propia familia!

»No hallando remedio a su situación, la mujer continuó caminando en dirección a su hogar, pensando en cómo podría explicar a los abuelos, a su marido y sus hijos por qué no había pan que comer aquel día.

»Hallándose inmersa en tan inquietas reflexiones, casi ni se percató de que estaba llegando a la encrucijada del Camino Real. Y, cuando levantó la vista, se sorprendió al ver que la mismísima comitiva real estaba pasando entonces por allí. Cuando llegó al cruce, la larga caravana ya casi había pasado, quedando sólo dos carruajes cargados de viandas reales y cuatro soldados, que cerraban la comitiva.

»De repente, un cuervo, negro como la noche, se posó sobre la carga del último carruaje y, mientras uno de los soldados intentaba espantarlo de allí, el ave, en sus rápidos movimientos para esquivar sus acometidas, empujó y arrojó del carruaje diez hogazas redondas de pan, para finalmente levantar el vuelo y posarse sobre un almendro cercano. Los soldados ni se molestaron en recoger las hogazas, pues los reales labios no podían profanarse con un pan mancillado por la tierra. Y, además, los reyes disponían de pan de sobra y todo tipo de ricos manjares.

»Y, entonces, mientras la comitiva real se alejaba camino abajo, la mujer tomó conciencia de lo que había sucedido. El cuervo descendió del árbol hasta el lugar donde habían caído las hogazas, miró a la mujer y, con lo que se le antojó a ella un gesto de complicidad, tomó una de las hogazas y se marchó raudo a su nido. Y la mujer se encontró de pronto con nueve hogazas de pan del mejor trigo del país.

»Sintiendo que una mano invisible la empujaba suavemente por la espalda, la mujer recogió del suelo las hogazas restantes, pensando en tomar una parte para su familia y en compartir el resto con la mujer de los vestidos raídos.

»"Ella y sus hijos merecen comer también este pan de reyes", reflexionó para sí, mientras una lágrima caía en el polvo del camino al recoger la última hogaza.

Cuando el jardinero hubo terminado de contar su relato, una mujer de la ciudad, que había frecuentado el jardín durante los años de ausencia del jardinero, dijo:

—Siendo lo primero que nos has querido contar, intuyo que tu parábola encierra alguna enseñanza importante. ¿Qué nos has querido decir con ella? ¿Que, antes de actuar, debemos reflexionar sobre las consecuencias de nuestros actos? ¿Que el cielo siempre provee? ¿O es tu manera de decirnos que seamos buena gente y que compartamos lo que tenemos con los demás?

El jardinero comprendió súbitamente que se hallaba ante aquella mujer de la que le había hablado su antiguo aprendiz, la mujer que lanzaba las preguntas una tras otra, como un lanzador de cuchillos.

—Como en toda historia imaginada, cada cual extraerá de ella el sustento que su alma más necesite –respondió el jardinero–. Pero, aparte de lo que esta historia os pueda susurrar en el oído a cada una, os la he contado para que la guardéis en vuestro corazón como marco de vida de nuestros encuentros en el jardín.

—Pues, ¿qué pretendías decirnos tú con esta historia? –preguntó una mujer que solía acudir al jardín en busca de hierbas curativas.

El jardinero guardó silencio, con la esperanza de que la gente ejercitara su inteligencia con metáforas y símbolos, y varias de las personas reunidas lanzaron tentativas con sus interpretaciones, hasta que, finalmente, la joven de los ojos negros dijo:

—Yo creo que la harina de trigo es la sabiduría de la tierra, que nos llega a través de tus palabras. Con esa harina tendremos que amasar nuestras «hogazas» con las que tendremos que alimentar no sólo a nuestros seres queridos, sino a todos los seres que tengan necesidad de sustento.

Varias personas en el grupo asintieron con la cabeza, con lo que el jardinero comprendió que no era necesario añadir muchas más palabras.

—Si todo lo que aprendéis aquí no lo vertéis después en servicio al mundo, será como arrojar vuestro «pan» a los orines de asnos y mulas –dijo finalmente.

El Señor de la Naturaleza

A l anochecer, cuando todo el mundo hubo partido, los dos jardineros, la dama silenciosa y la joven de los ojos negros se demoraron un tiempo más en el templete, aspirando las fragancias del jazmín y descubriendo, de una en una, las estrellas que asomaban en el cielo índigo y violeta. En medio de la paz crepuscular, mientras hablaban en susurros, como no queriendo perturbar el sueño de los jazmines, dos elfos, un varón y una dama, emergieron de las frondas del jardín.

Eran elfos como nunca antes había visto ninguno de ellos, tan altos como cualquier humano, e iban ataviados con unos ropajes elegantes, blancos como los pétalos de las anémonas del bosque, al punto que parecían resplandecer con luz propia en la oscuridad.

Los dos elfos se presentaron como «elfos reales» y les dijeron que formaban parte del acompañamiento del señor de todos los espíritus de la naturaleza.

—Vuestros antepasados en distintas regiones del mundo le tuvieron por un dios y le dieron diversos nombres –dijo la elfina con una voz dulce y embriagadora–, aunque muchas veces lo describieron y dijeron cosas de él que nada tenían que ver con su verdadera naturaleza.

Los elfos reales les comunicaron que su señor iba a participar en las celebraciones que los espíritus de la naturaleza de la región estaban organizando para festejar el fin de los trabajos de la primavera, en lo que los humanos de la región denominaban la Noche de San Juan, y añadieron que habían venido a transmitirles la petición de su señor, rogándoles que participaran, todos ellos, en la gran fiesta que estaban preparando.

Dos días después, la dama silenciosa, la joven de los ojos negros y los dos jardineros se unieron a la fiesta de los espíritus de la naturaleza, y pudieron conocer en persona al gran Señor de la Naturaleza, tan grande e imponente como su viejo amigo el Espíritu del Viento, pero de una belleza sobrehumana, como nunca, ninguno de ellos, hubiera llegado a contemplar.

El gran señor los agasajó como a invitados especiales, y conversaron durante largo rato de asuntos humanos, naturales y divinos, al paladar de un vino como ninguno de ellos hubiera tastado jamás. Finalmente, les habló del Concilio de Todos los Seres, que iba a tener lugar a no mucho tardar, y les pidió a los cuatro que acudieran, pues necesitaban por encima de todo que los humanos estuvieran bien representados.

Al finalizar la fiesta, mientras se despedían –los cuatro humanos con la punta de la nariz resplandeciente por los besos de las minúsculas hadas–, el viejo jardinero se encontró de pronto con el gnomo de la pala. El jardinero le pidió perdón por su falta de delicadeza aquel día en que estaba plantando las petunias, y el gnomo le rogó que no se disculpara, dándole las gracias por ayudarle a ver algo de lo que necesitaba tomar conciencia y no había sido capaz de entrever en tantos años.

Al cabo, el jardinero se arrodilló y ambos se dieron un largo abrazo, prometiéndose amistad eterna, mientras las luces del alba comenzaban a asomar tras la gran montaña.

El orden de la vida

Aquel año, el estío había caído abruptamente sobre los campos con su abrasador aliento, cubriendo con un manto de silencio las primeras horas de la tarde, pues los humanos no osaban salir a las calles con aquel Sol sofocante y los animales se recluían en los lugares más umbríos y húmedos de bosques y cañadas.

Pasadas las horas más tórridas, los dos jardineros salieron por fin de sus cabañas con la intención de reparar juntos una sección de la valla que separaba el jardín del pueblo, y se entregaron a aquella labor hasta cerca del ocaso, cuando decidieron finalmente dejar el trabajo para el día siguiente.

Con la garganta reseca por el calor, decidieron acudir al mesón del Camino Real a refrescarse con un vino tinto, recién extraído de la fresca bodega subterránea que el mesonero se había hecho construir en los años de ausencia del jardinero. Pero, en vez de buscar la oscuridad de los rincones del mesón, los jardineros prefirieron quedarse fuera, en una de las recias mesas de madera que el mesonero había dispuesto en la explanada delantera del mesón, donde se detenían los arrieros y los carruajes que discurrían por el Camino Real. El viento del este, que cada tarde aliviaba los rigores estivales, se había convertido en el mejor aliado del mesonero, que veía cómo aquella improvisada terraza se llenaba de parroquianos todos los atardeceres.

Había pasado ya un buen rato desde que los dos jardineros disfrutaban del vino y de la conversación cuando un carruaje lujoso se detuvo delante del mesón. De él bajaron dos hombres y dos mujeres ricamente vestidos, además de un sirviente. Éste, apeándose de la parte trasera del carruaje, se fue directamente al interior del mesón, a gestionar con el dueño el alimento y acomodo de señores y criados en la posada, y de los caballos en las cuadras.

Mientras tanto, los cuatro pasajeros del carruaje se sentaron en torno a una mesa, junto a aquélla en la que se encontraban los jardineros, y pidieron que se les sirviera una jarra de vino, mientras hacían tiempo hasta la hora de la cena.

Los dos hombres conversaban entre ellos, mientras las mujeres hacían lo propio, cada dúo entregado a sus intereses y preocupaciones. Sin embargo, mientras las mujeres se veían sonrientes y satisfechas en su conversación, a los hombres se los veía preocupados y molestos, sobre todo uno de ellos, que no podía ocultar su enojo por el asunto del cual trataban.

—No pueden culparnos a nosotros de la miseria de nuestros jornaleros. Si no tienen suficiente para comer, será porque se gastan el jornal en vino cuando se van de nuestros campos, o porque no se han esforzado lo suficiente en la vida como para no tener que trabajar de jornaleros. Además, ¿quién me dice a mí que no engañan al mayoral y que, en cuanto éste vuelve la espalda, ellos dejan de trabajar? Mucho les pagamos ya para el trabajo real que deben estar haciendo.

El otro hombre, posiblemente otro hacendado, noble o ambas cosas, no dejaba de asentir con la cabeza, dándole la razón al más airado con escuetos «Tienes razón», incluso con un «¡Miserables!» dicho entre dientes.

El hombre airado continuó despotricando de sus jornaleros, y fue incrementando el tono de su diatriba para hacerse escuchar, siendo consciente de que, en la terraza, debía haber más de un jornalero descansando sus huesos tras una fatigosa y abrasadora jornada.

—Esa chusma tiene que aprender cuál es el orden de las cosas —continuó el exasperado—, y que si nosotros tenemos bienes y propiedades que ellos envidian es porque nos los hemos ganado con nuestro esfuerzo y nuestro trabajo.

»Éste es el orden de la vida. Cada uno tiene lo que se merece —sentenció finalmente.

Tras aquellas palabras, se hizo un incómodo silencio en la terraza.

—¿Acaso tú merecías el desinterés de tu padre por ti y sus desatenciones, que tanto te dolían en el alma cuando eras niño?

Se escuchó de pronto la voz del viejo jardinero, que miraba al rico airado con gesto sereno, pero triste.

El hombre se quedó mirando al jardinero, mudo de estupor. ¿Cómo aquel hombre, alguien del vulgo, quizás un labrador, por la suciedad de su ropa, podía saber nada de su infancia?

—¿Acaso la comadreja que asalta vuestros corrales, que mata y chupa la sangre a vuestras gallinas, y saquea y destroza innecesariamente sus nidos, merece lo que obtiene de vosotros? —volvió a la carga el jardinero—. ¿No podría más bien, dada su naturaleza, dedicarse a cazar ratones, como los que infestan vuestros graneros?

»Pero la comadreja aún tiene perdón —reflexionó el jardinero, posando su vista en el vaso que tenía entre las manos—, pues no es capaz de razonar estas cosas... que vosotros sí podríais razonar.

El joven jardinero no daba crédito a lo que estaba sucediendo. Su maestro, a quien recordaba por sus maneras amables y afectuosas, se atrevía a ser descortés con quienes podrían ser miembros de la nobleza o, al menos, ricos hacendados con sólidas conexiones con el poder.

—Maestro, no creo que sea un buen momento para...

—¿Cómo te atreves a hablarme así? —tronó súbitamente la voz del hombre crispado, interrumpiendo al joven jardinero, pero sin siquiera mirarle, con los ojos fijos en el «viejo» que desafiaba sus palabras.

Se hizo un silencio trágico en la terraza del mesón, todas las miradas puestas en los protagonistas.

—Vosotros pensáis que vuestros logros en la vida son obra vuestra —continuó el jardinero, esta vez con tono severo, mirando al hombre a los ojos—, y por eso no queréis compartir vuestra abundancia con los pequeños, con los más vulnerables. Y no os dais cuenta de que, sin toda la sociedad que os rodea, incluyendo a los que tanto despreciáis, vosotros no podríais disfrutar de riqueza alguna, e incluso difícilmente podríais sobrevivir.

—Si no fuera por nosotros, que les damos trabajo, ¿qué sería de ellos? —respondió con arrogancia y desprecio el hombre crispado, intentando zanjar contundentemente el asunto, haciendo callar al viejo de una vez.

—Si vosotros no acapararais tierras, ellos tendrían su propia tierra y la cultivarían para dar de comer a sus hijos —respondió el jardinero gravemente, sin amilanarse—. Pero vosotros os habéis aprovechado de las desdichas de sus padres para quedaros con sus tierras, y habéis hecho de vuestra riqueza una salvaguarda que les impide aspirar a una existencia digna. Con ello, condenáis a los pequeños a una vida precaria... con lo cual podéis hacer que trabajen para vosotros por jornales cada vez más exiguos y miserables, esclavizándolos de este modo y obligándolos a seguir vuestros inmorales designios.

—¡Sois unos haraganes! —estalló finalmente el otro en su cólera—. Pues ya veo que tú eres otro de su misma ralea. Sois una chusma que no queréis trabajar y que queréis vivir como nosotros sin habéroslo merecido. Y encima os pasáis el tiempo buscando el modo de engañarnos, de robarnos unas monedas más a cambio de vuestra holgazanería.

—La mayor parte de vuestros jornaleros no os engañan —respondió el jardinero sin perderle la cara—. Y los que creéis que os engañan es porque hacen sólo lo que consideran justo hacer, a la vista del jornal de miseria que les pagáis. En vuestra codicia, abusáis de los pequeños... y encima los acusáis de vuestros propios vicios. Culpáis al enfermo de su enfermedad y al pobre de su pobreza, y no os dais cuenta de la cortedad de vuestro entendimiento, o lo que aún sería peor, la dureza de vuestro corazón. Porque lo que hacéis es justificaros ante vuestro propio corazón y ante el mundo de vuestro propio egoísmo, sabiendo, en el fondo, que lo que hacéis no está bien.

»¿Acaso la gota de agua que se vio expulsada del río, y se seca y agoniza en la orilla, salió del río por su propio impulso? ¿No fue más bien la corriente del río y el empuje de sus infinitas gotas el que la despidió del cauce? Pero a las gotas del río no se les dio una conciencia como se os dio a vosotros. Ellas no son responsables de haber dejado abandonada a su hermana en la orilla, pero vosotros sí sois responsables de dejar abandonados a vuestros hermanos en la miseria, en la enfermedad y en el dolor para, encima, culparles a ellos de sus males –concluyó el jardinero con dureza.

Entonces, el hombre airado se levantó en un arrebato de furor y se llevó la ensortijada mano derecha hasta su oído izquierdo con la intención de abofetear al jardinero, que, sin perderle la mirada, le observaba impasible, severo, sin mover un solo músculo para protegerse, y mucho menos para repeler la agresión.

El joven jardinero se puso en pie también e hizo ademán de situarse entre el agresor y su viejo maestro, aun a sabiendas de que no iba a llegar a tiempo de evitar el golpe. Pero, súbitamente, el hombre furioso se detuvo, como si se hubiera quedado congelado; y, bajando el brazo, dio un paso atrás y se volvió a sentar, mientras miraba al jardinero confuso, a pesar de su cólera.

El jardinero suavizó también su mirada, mitigando su severidad y, en tono íntimo y cargado de compasión, le dijo:

—Veis el mundo como una competencia entre ganadores y perdedores, cuando los bosques, los ríos, los valles, las abejas, las aves, el viento, el cielo y las lluvias os muestran que todo colabora con todo en la vida para dar más vida.

»Creéis que la ley de la vida es la de los depredadores –añadió en un susurro–, cuando éstos nunca abusan de sus hermanos de otras especies que impiden que mueran de hambre, sino que se limitan a tomar lo justo para sobrevivir.

»Deberíais estar agradecidos de vuestros jornaleros, y deberíais tratarlos como hermanos mayores que cuidan de vosotros… ¡*Ése* es el orden de la vida! –dijo finalmente para, a continuación, dejar unas monedas en la mesa, levantarse y marcharse en silencio del mesón, mirando al suelo.

Los pequeños

E l joven jardinero se levantó también y, haciendo un gesto con la cabeza a todos los presentes a modo de despedida, partió en pos de su maestro.

Cuando le alcanzó, le dijo con una expresión confusa:

—Maestro, nunca te había visto tan descortés con alguien. ¿Te ocurre algo? ¿O es que estabas molesto ya cuando llegó el carruaje por algo que hubiera podido decir yo?

—No, hijo, no —respondió el jardinero sin dejar de caminar, tomando de nuevo el camino que volvía al jardín—. Tú no has hecho nada malo. Tú eres una bendición en mi vida. Siempre lo fuiste.

—Entonces, ¿qué te ha ocurrido?

El jardinero se detuvo un instante, respiró profundamente para recobrar la paz y miró a los ojos a su antiguo aprendiz.

—En mis años de viaje vi muchas cosas, hijo —fue su escueta respuesta, tras lo cual reanudó lentamente la marcha.

—¿Qué viste, maestro? —preguntó el joven jardinero.

El jardinero bajó la cabeza con una mueca de dolor.

—Vi mucho sufrimiento, muchas injusticias perpetradas contra los más pequeños, los más vulnerables…

De pronto, guardó silencio y se mordió los labios, y el joven jardinero comprendió que su mentor estaba forcejeando con recuerdos sumamente dolorosos. Al cabo, el viejo jardinero continuó:

—Vi morir a familias enteras por la codicia de unos pocos, y vi ajusticiar a quienes se enfrentaban a aquellos desmanes… y no pude hacer nada por evitar sus muertes –añadió mientras una lágrima resbalaba por su mejilla.

—Comprendo –dijo el antiguo aprendiz bajando la cabeza, sumido de pronto en una profunda congoja.

—La codicia es una bestia infame, que convierte al que fue un niño inocente y bueno en un monstruo inmisericorde y sin moral. Le inyecta un veneno en el corazón que, si no se expulsa a tiempo, puede llevar a su víctima a perpetrar los más depravados y despreciables actos.

El jardinero levantó la cabeza y dejó escapar un profundo suspiro.

—Pero no te preocupes por mí ni por mi estado de ánimo –dijo después–. Y, aunque es cierto que he cambiado, que tantos años y tan largo viaje no pasan en vano para el alma, tampoco pienses que he perdido mi paz ni que las tragedias vividas acabaron dando muerte al hombre que conociste…

»Entiendo que mi actitud te haya sumido en la confusión, pero no es a la persona directamente a la que hablo con dureza, sino a sus actos, a sus palabras y a sus pensamientos; y, sobre todo, a la codicia que emponzoñó su corazón –añadió el jardinero, deteniéndose a continuación para mirar a los ojos a su aprendiz–. Todo ser humano es inocente en lo más profundo, pero algunos, los más débiles, aunque parezcan poderosos, terminan siendo vencidos por esas pestes que azotan a la humanidad desde el principio de los tiempos…, la codicia, la soberbia, el anhelo de poder, la lascivia enfermiza, la crueldad... Ahí se halla el origen de casi todos nuestros males y pesadillas.

El joven asintió con la cabeza en silencio, cuando el viejo jardinero ya casi no podía ver sus ojos en la oscuridad final del crepúsculo.

—Lo siento, maestro –dijo el joven en un murmullo–. Me extrañó tanto tu dureza con aquel hombre, que me preocupé por ti.

—Pues no te perturbe la severidad de mi actitud y mis palabras –respondió el jardinero poniendo una mano sobre el hombro del joven–, pues en los desiertos de Oriente descubrí, en una antigua tradición de sabiduría, que la misericordia precisa del equilibrio de la severidad. De hecho, muchas veces trabajan juntas al servicio del Amor, con la severidad en la mirada y la misericordia en el corazón. Así obraban, al parecer, los antiguos y celebrados sabios de esa tradición.

»Es el amor por los pequeños, por los que menos tienen, los que más sufren, los que llevan sobre su espalda el destino de toda la humanidad, lo que me lleva a pronunciar palabras severas contra aquellos que entregaron su corazón a las bestias del yo ilusorio, y contra los necios que los obedecen, siguen sus consignas y acrecientan su poder... aunque sé que, en un rincón de su corazón, sigue escondido el niño o la niña inocente que fueron, llorando en su desconsuelo y en el olvido. Por eso no puedo por menos que sentir también misericordia por ellos.

El jardinero suspiró de nuevo, como para dejar salir la pesadumbre y la congoja que le embargaban, y apoyó su frente en silencio sobre el hombro de su antiguo aprendiz. Y, de pronto, se echó a reír calladamente, como si súbitamente hubiera tomado conciencia de algo divertido. Levantó la cabeza y, sin dejar de reír, le dijo al joven jardinero:

—¿Sabes? Si mañana fuera al mesón y me encontrara de nuevo con ese hombre, y viera un atisbo en su mirada que me dijera que mis palabras habían hecho mella, por poco que fuera, en su codicia y su soberbia, no dudaría ni un instante en sentarme con él, y en brindar con él al amor de un vaso de vino, para luego reír contándonos chanzas, y terminar estrechándonos entre los brazos.

»Nunca albergué en mi corazón mala voluntad contra los obradores de injusticias. Fue, más bien, el dolor que causaron a los pequeños el que me solivantó y me llevó a esgrimir mis más duras palabras contra ellos —concluyó el jardinero.

Raíces

Durante tres días, tras el altercado en el mesón, nadie vio al viejo jardinero por los senderos del jardín. Normalmente, avisaba a su antiguo aprendiz o a la dama silenciosa cuando se iba a ausentar, pero en aquella ocasión no había dicho nada, por lo que los habituales del jardín comenzaron a preocuparse.

Finalmente, al cuarto día, la joven de los ojos negros decidió salir en su busca y, siguiendo las sugerencias del joven jardinero, se dirigió al bosque viejo. Allí encontró al que ya sentía como una parte de su corazón, sentado en el suelo, delante del talud preñado de raíces donde se elevaba la Madre Haya.

La joven, sin decir nada, se sentó junto a él y se puso a contemplar, como él, el entretejido de raíces de todos los tamaños que cubrían el talud.

—Esto es, únicamente, lo que podemos ver —dijo el jardinero sin siquiera volver el rostro para reconocer su llegada—: las raíces de la Madre Haya entreveradas con las raíces de otros árboles y arbustos que crecen a su alrededor.

La joven no dijo nada. Se limitó a observar lo que el viejo jardinero le indicaba.

—Imagina las entrañas del bosque —continuó él—, con las raíces y raicillas de la Madre Haya extendiéndose, quizás, a cientos de metros, entrelazadas con las raíces de otros cientos o miles de árboles y arbustos, todos ellos conectados entre sí, en una maraña imposible de desentrañar, comunicándose en silencio sus mensajes, inadvertidos para el mundo. Miríadas de conexiones y engarces, todos con todos enlazados, formando un único ser, inmenso, inabarcable...

El jardinero guardó silencio por un instante, y la joven de los ojos negros se volvió a mirarle. Una lágrima caía mansamente por la mejilla que ella podía ver.

—Imagina las estrellas en la noche –continuó el hombre como en un éxtasis–, aparentemente aisladas en el cielo, como los árboles en el bosque... ¿Será la negrura del espacio la tierra que oculta sus raíces y nos impide ver que también ellas están conectadas entre sí, todas con todas entrelazadas, en un tapiz celestial e infinito?

El jardinero bajó la cabeza, como si el éxtasis no le impidiera sentir una tristeza también infinita, inabarcable como la noche estrellada.

—¡Qué pena que los seres humanos no sepan imaginar sus raíces! –dijo finalmente en un murmullo.

La joven de los ojos negros se dio cuenta en ese momento de que el cuerpo del jardinero brillaba con una tenue luz, mientras también a ella se le empañaban los ojos de lágrimas.

Testigo

Y en los días que el jardinero pasó en soledad en el bosque viejo le asaltaron los recuerdos que la discusión en el mesón había encrespado.

Recordó a aquellas familias de tez oscura y mirada blanca, sumidas en la desesperación, viendo apagarse la vida de sus más pequeños, convertidos por el hambre en tétricos y escuálidos muñecos.

Recordó cómo, al final, hombres y mujeres por igual, madres y padres, se levantaron en rebelión contra el señor de aquellos dominios, que les había negado el pan y la sal al arrebatarles las tierras arrendadas, para donarlas como dote a su hija en su matrimonio de conveniencia con el hijo de otro señor y otros dominios.

Y recordó cómo aquellos hombres y mujeres, decenas de ellos, huérfanos de tantos hijos, fueron brutalmente apresados y torturados, para ser llevados después al cadalso, por haberse atrevido a exigir justicia... y alimento para los hijos e hijas que aún les quedaban. Hijos e hijas que serían a la postre arrojados a las fauces de las bestias lascivas de los caminos, para languidecer y extinguirse lentamente, como una flor marchita sin tierra. Aunque la Vida se apiadó de él y le libró de contemplar este último capítulo.

Y recordó cuántas veces le gritó al Dios de sus padres, desencajado por el llanto, «¡Mira por mis ojos! ¡Mira por mis ojos! ¿Cómo puedes consentir tantos ultrajes y tanto dolor perpetrado contra los más inocentes de tus hijos? ¡Mira a través de mis ojos, te lo ruego!».

Hasta que cayó la noche sobre él y el Misterio, más allá de la Vida, le dejó entrever el dobladillo de su túnica. Aquello le liberó de su lacerante dolor humano, pero no del pesar de las imágenes contempladas, que no dejarían de recordarle jamás que había prestado sus ojos al Misterio y tendría que cargar para siempre con las pruebas de su testimonio.

Cuando la tempestad de su memoria cedió, el jardinero buscó la compañía de la Madre Haya para sentarse a los pies de sus raíces, frente al talud.

Y el Misterio buscó cobijo, una vez más, en su corazón.

Luz

S iempre estás hablando de cosas espirituales –dijo uno de
los hombres–, pero nunca te he oído nombrar a profeta ni
a fundador de religión alguno. ¿Cuál es tu religión, jardinero?

Los encuentros en el jardín del primer día de la semana se
habían convertido ya en una costumbre para muchas de las
personas que participaban en ellos. Y si bien, con el transcurso de las semanas, había gente que había dejado de acudir a
la cita en el templete de los atardeceres, otras personas habían
comenzado a congregarse allí, intrigadas por los comentarios
de quienes participaban.

—Lo que llamáis Dios tuvo a bien llevarme más allá de
toda forma religiosa –respondió el jardinero–, de modo que,
si dijera que pertenezco a una religión, mentiría, y también
mentiría si dijera que no pertenezco a ella.

—¿Quieres decir con eso que todas las religiones son válidas? –preguntó una mujer que no tenía demasiadas ocasiones
de acudir a los encuentros por vivir muy lejos.

—Tampoco podría decir yo eso –respondió el jardinero–,
pues algunas son invenciones de hombres sin escrúpulos, que
buscan reunir en su torno personas sobre las cuales calmar
sus ansias de poder, como las urracas que acumulan objetos
brillantes en sus nidos.

»Los rostros de lo que llamáis Dios son infinitos, como infinitas pueden ser las formas religiosas, cada una de ellas obsesionada en la belleza de uno de sus seductores rostros. Pero, si queréis ir a la esencia de la experiencia espiritual, y no correr el riesgo de caer en el fango del proselitismo absurdo y del sangriento fanatismo, tendréis que ir más allá de las formas, hasta llegar al corazón del Ser. Pues, ¿acaso el Ser necesita mediadores entre él y vosotros, cuando lleva una eternidad esperando anhelante vuestra llegada, para que reveléis uno más de sus rostros?.

Se hizo un breve silencio junto al templete de los atardeceres, mientras el grupo absorbía en su corazón las palabras del jardinero.

—Sin embargo —se escuchó de pronto la voz infantil de la muchacha del cabello rojo—, cada vez hay más personas que no creen o, al menos, no tienen certeza alguna respecto a eso que llamamos Dios. De hecho, algunos niegan su existencia, pues dicen que no van a creer en algo que nadie ha visto jamás.

El jardinero miró a la muchacha y esbozó una sonrisa, sabiendo que aquella pregunta surgía de las conversaciones en los entornos que la joven había comenzado a frecuentar en la universidad.

—Habéis oído decir que Dios es luz, pero ¿os habéis detenido a pensar lo que significa realmente eso? —preguntó el jardinero, para guardar silencio a continuación y mirar de una en una a todas las personas del grupo.

Nadie respondió, pero todos los corazones estaban esperando una respuesta. El jardinero se puso en pie entre el Sol del atardecer y ellos; y, levantando una mano, trazó un arco con la mano en el cielo.

—¿Veis la luz?

—Sí –dijeron algunas personas.

—No, no veis la luz –les corrigió de inmediato el jardinero–, sino las cosas que la luz ilumina.

Y se hizo la luz en los ojos de muchas de ellas.

—Y cuando creéis ver un rayo de luz que se filtra por la ventana en una habitación oscura –continuó, ante el estupor de otras–, lo que veis en realidad son las motas de polvo, que dan consistencia a ese rayo de luz que, sin el polvo, sería invisible.

»La luz no se ve, pero, sin ella, no veríamos nada. Y todo lo que recibe la luz se convierte en luz, porque la refleja al mundo exterior, iluminándolo todo a su vez.

La muchacha del cabello rojo esbozó una sonrisa pícara cuando el jardinero la miró, concluyendo con otra sonrisa cómplice la respuesta a su pregunta.

—Lo que llamáis Dios no se ve, y hasta podría decirse que no existe, pero, sin su *Ser*, nada existiría.

Rascarse

Estaba el jardinero descansando en la puerta de su cabaña, con el gato blanco sobre su regazo, cuando de pronto escuchó aproximarse unos apresurados pasos infantiles.

—¡Jardinero, jardinero! —escuchó la vocecilla de una niña poco antes de verla asomar por una esquina de la cabaña.

Era la niña que le había preguntado por qué los árboles no se movían.

—Jardinero, tengo una pregunta que hacerte —dijo la niña, deteniéndose delante de él y mirándole hacia arriba con aquella mirada que tanto conmovía al hombre.

—Pregunta, a ver si sé responder —dijo el jardinero.

—Después de hablar aquel día que hablamos, he estado pensando… —vaciló un instante— y he pensado que los árboles no se mueven y que, cuando quieren moverse, llaman al viento, igual que llaman a la lluvia cuando tienen sed…

—Doy fe de ello —confirmó el jardinero las conclusiones de la niña—. Yo he cruzado algunos desiertos y nunca vi llover en ellos, posiblemente porque no había árboles que llamaran a la lluvia.

—¡Exactamente! —dijo la niña señalándole con un dedito—. Pero ahora la pregunta es: ¿qué hacen los árboles cuando les pica algo? Si de verdad no se mueven, ¿cómo se rascan?

El jardinero se quedó atónito. La mente infantil no dejaba de sorprenderle.

—Pues... yo creo... –balbuceó intentando ofrecer una respuesta a la niña que fuera acorde a su exuberancia imaginativa–. Yo creo... que lo que hacen entonces es invocar a los pájaros.

La niña levantó una ceja, como si estuviera pensando «¿Cómo es que no se me había ocurrido antes?».

—¿No has visto alguna vez cómo las bandadas de pájaros se introducen de pronto entre el follaje de las ramas de un árbol, para salir todos en grupo cuando han acabado de rascar al árbol con sus pequeñas garras y con sus picos? –preguntó el jardinero.

—Sí, claro –respondió la niña aún pensativa.

Y, sin siquiera despedirse, la niña partió tan veloz como había venido, desapareciendo por la misma esquina de la cabaña por la que había aparecido. Pero, un instante después, el jardinero vio aparecer de nuevo su cabecita, asomándose como quien ha olvidado algo y lo recuerda en el último instante.

—Jardinero, no te olvides de rascar de vez en cuando a tu gato en la espalda –dijo–. Si no estuviéramos las personas para rascarles la espalda a los gatos y los perros, ¿quién les quitaría el picor?

Y desapareció de nuevo, dejando al jardinero desconcertado.

—¡Esta asombrosa niña ha visto al gato! –dijo el jardinero en un murmullo.

De la Verdad y la Belleza

Un hombre apareció una mañana por los alrededores del estanque, cuando el Sol estival aún no había comenzado a congregar a todo tipo de seres en los lugares más umbríos. Y el jardinero, que se hallaba dentro del estanque, con el agua hasta las rodillas, cuidando de los papiros y los nenúfares, le vio detenerse y mirar en su dirección. Un instante después, le vio venir hacia él.

—Perdone que le incomode —dijo el hombre cuando llegó—, pues quizás llego en mal momento.

Pero el jardinero no mostró signo alguno de incomodidad por la llegada del extraño. Atendiéndole con ademán amable, salió del estanque, tomó sus sandalias con una mano e invitó al hombre a seguirle con la otra mano, para sentarse ambos sobre una gran roca de la orilla, bajo la sombra de un sauce.

—He venido simplemente a conocerle —dijo el hombre cuando ambos se hubieron acomodado—, pues en breve volveré al hogar de mi familia, donde pasaré el resto del verano, antes de regresar aquí para retomar las clases.

—¡Ah, entonces es usted el maestro del pueblo! —exclamó alegremente el jardinero.

—Sí, yo soy el maestro —respondió el hombre bajando los ojos—, y he querido venir a conocerle porque tengo una niña en mi clase que nos ha contado a todos lo que usted le explica acerca de los árboles. Yo deseaba felicitarle antes de irme por el modo en que abordó las preguntas de la niña, pues sus respuestas no sólo provocaron sorpresa y admiración entre mis estudiantes, sino que también les motivó a preguntar sobre los fenómenos de la naturaleza, sobre las aves y, claro está, sobre los árboles.

»Evidentemente –continuó–, tuve que corregir algunas ideas para darles una explicación más racional a las preguntas planteadas. Pero considero de gran valor fomentar la imaginación infantil, para que se planteen alternativas insospechadas a las verdades que se dan por inamovibles y que, sin embargo, pudieran ser a veces infundadas.

El jardinero sintió que el rubor subía a sus mejillas una vez más, como antaño.

—Veo que los niños y niñas de este pueblo tienen suerte al poder disfrutar de un profesor como usted –dijo el jardinero, con una sonrisa de agradecimiento–, cuando tantos profesores reprimen la imaginación en sus estudiantes diciéndoles que se dejen de fantasías, y sitúan como norma de valor supremo a la Verdad, menospreciando todo cuanto se aleje de ella y de la razón.

El hombre hizo un gesto de extrañeza.

—Pero, si no le damos el valor supremo a la Verdad, ¿no cree usted que dejaríamos el camino abierto a la superstición y las falsedades que otros muchos intentan imbuir en las gentes? –preguntó el maestro.

—No me entienda mal –respondió el jardinero humildemente por no haberse explicado mejor–. Yo también considero que la Verdad, junto con la razón, es un valor supremo. Pero creo que no debe reinar única en esa posición.

—Bueno, supongo que se refiere usted a la imaginación…

—Más allá de la imaginación, la Verdad necesita estar acompañada, en pie de igualdad, por el Amor, la Bondad y la Belleza.

El hombre ladeó la cabeza al tiempo que esbozaba una sonrisa, como invitando al jardinero a continuar.

—Si la asombrosa niña que tiene usted en su aula se sintió fascinada por mi respuesta no fue sólo porque fuera imaginativa, sino también porque fue una respuesta poética, que la mente racional tolera a duras penas, pero que es perfectamente aceptable para la mente intuitiva. Era ésa una respuesta que no iba dirigida a la cabeza, sino al corazón de la niña.

—Comprendo –dijo el maestro–. Y en esa respuesta no había Verdad, pero sí había Belleza.

—Por supuesto –dijo el jardinero, sorprendido con la rapidez con la que el maestro seguía sus razonamientos–. Pero, además de Belleza, también había Bondad y Amor, pues otros seres y elementos del mundo natural se ofrecían para facilitar el bienestar de los inmóviles árboles.

—Ya entiendo –respondió el maestro, reflexivo–. Pero ¿no corremos así el peligro de desviar a los niños, de hacerles creer en un mundo fantástico y, por tanto, abierto a la superstición?

—Para una vida plena, las explicaciones racionales no bastan, pues todo ser humano necesita también de explicaciones poéticas e imaginativas. No hay por qué negar una explicación para aceptar la otra, cuando cada una satisface un aspecto diferente del alma. Lo importante es saber diferenciar entre ambas y saber en qué ámbito aplicar unas y otras.

—¿Y no cree que, al menos, deberíamos dar preponderancia, por ligera que fuera, a la Verdad sobre el Amor, la Bondad y la Belleza?

—Créame, eso es lo que pensaron todos los que en la historia de la humanidad dieron a conocer sus hallazgos inocentemente, para luego descubrir que los ávidos de poder y riquezas los tomaban en beneficio propio para usarlos contra los demás, contra otros pueblos, o incluso contra sus propios pueblos. Así ha ocurrido con los hallazgos, en principio inocentes, que posteriormente se aplicaron al desarrollo imparable de las armas, cada vez más destructivas e inmorales.

»Si la búsqueda de la Verdad no va acompañada por una búsqueda pareja del Amor, la Belleza y la Bondad, el buscador de la Verdad se arriesga a traer una maldición para toda la humanidad y la comunidad de vida con la que compartimos la tierra y los mares. El cultivo de estas virtudes debe ir a la par, para que los seres humanos no utilicemos los descubrimientos de la Verdad de formas ignominiosas y detestables.

El maestro guardó silencio por unos instantes, pensativo. Las palabras del jardinero chocaban con las ideas que había recibido en su formación acerca de la construcción del saber y el conocimiento. Y, sin embargo, había algo en las palabras del jardinero que *intuía* como «verdadero».

—Entonces —dijo finalmente el maestro, intrigado por la perspectiva novedosa del jardinero—, si usted tuviera que elegir entre Verdad, Bondad, Belleza y Amor…

—No pondría a ninguna por encima de las demás —zanjó el jardinero, sabiendo adónde quería ir a parar el maestro con su pregunta—, pues tales virtudes no son independientes entre sí, sino que dependen unas de otras y se alimentan mutuamente para alcanzar su máxima expresión.

Aquello dejó aún más desconcertado al maestro, que pensó que de aquella corta conversación iba a tener muchas ideas sobre las cuales reflexionar. No obstante, el hombre insistió:

—Pero, con todo, si se enfrentara usted a una situación desesperada y tuviera que elegir entre alguna de estas virtudes, ¿con cuál se quedaría?

El jardinero sonrió y, posando suavemente su mano sobre el hombro del maestro, respondió:

—Si la Vida le enfrenta algún día a la difícil decisión de tener que elegir entre una de ellas, yo de usted elegiría la Belleza, porque la Belleza inspira el amor por lo bello, y el Amor engendra la Bondad, el deseo de hacer el bien a todo cuanto se ama, de tal modo que, a la postre, se alcanza una Verdad que está más allá de todas las verdades que nos puede descubrir el pensamiento racional, una Verdad que resulta incomprensible para la razón, pero que la intuición absorbe como Verdad última, desde una certeza radical a la que razón jamás podrá acceder.

»Busque la Belleza en todo cuanto contemple, pues, si por algo se caracteriza el Ser en el que tiene usted su ser y la Vida que anima su mirada, es por su Belleza.

El maestro guardó silencio y observó al jardinero con una expresión mezcla de confusión y admiración. Finalmente, estrechándole la mano con sus dos manos, le dijo:

—Muchísimas gracias.

Se levantó y se marchó del jardín, convencido en su interior de que regresaría allí en cuanto comenzara de nuevo con sus clases.

Mientras tanto, el jardinero se miró los pies descalzos y, tras mover los dedos en sucesión como lo haría un pianista con los dedos de las manos, se levantó y volvió a meterse en el estanque, con la intención de dar todo su amor a los bellos papiros y nenúfares.

La telaraña

La dama silenciosa había perdido la noción del tiempo mientras observada fascinada una telaraña, que había surgido de la noche a la mañana entre las ramas de un cerezo cercano a su cabaña. La endeble y perfecta estructura se mecía con la brisa, lanzando destellos plateados bajo los rayos del Sol, como si aquella extraña danza fuera el silencioso discurso que la Vida hubiera ideado para explicar al mundo la belleza de la levedad.

—Y luego hay quien dice que estas cosas han surgido por sí solas, sin inteligencia alguna tras tanto ingenio y belleza —escuchó la voz del viejo jardinero tras ella.

Pero la dama silenciosa no se volvió, por lo fascinada que estaba con la telaraña.

—Cuando veo estas cosas —dijo ella—, brota en mi la certeza de que, aunque no podamos llegar a comprender los sucesos detestables de la existencia, tiene que haber un sentido y una bondad esencial que lo engloba y lo acoge todo más allá de este plano terrestre.

La brisa sopló por unos instantes con intensidad, combando los tensores de la telaraña sujetos a las ramas, sometiéndola a prueba en su ingrávida perfección. Y, después, el universo calló. La dama silenciosa se volvió entonces para ver al jardinero y saludarle debidamente, pero no había nadie tras ella.

Otra telaraña

El jardinero estaba quitando el polvo de los estantes y los muebles de la cabaña mientras la joven de los ojos negros le observaba desde una maciza silla de madera en un rincón.

—Te ha quedado una telaraña en aquel rincón, a la izquierda del estante –dijo la joven.

El jardinero se detuvo, miró adonde le indicaba la joven y dijo:

—Esa telaraña no la toco.

—¿Por qué? –preguntó ella intrigada.

—Por tres importantes razones –respondió el jardinero–. En primer lugar, por su belleza.

—Me parece correcto –dijo ella.

—En segundo lugar, porque la araña también tiene que comer, ¿no te parece?

—Sí, claro –respondió ella.

—Y, en tercer lugar, porque nadie puede desprenderse de su sombra.

La joven entrecerró un ojo en una mueca de extrañeza.

—Explícame eso –dijo.

—Porque este verano hay más moscas de las que yo recuerdo en otros tiempos, y la araña me quita el trabajo de tener que sacarlas a todas de la cabaña –dijo el hombre, y añadió como en una confesión–. Sí, es mi parte egoísta.

—Puedo entenderlo –dijo la joven en tono condescendiente.

En aquel momento, el gato blanco de los ojos azules se acercó a ella y se refregó en sus piernas curvando el lomo y levantando la cola. La joven apartó las piernas con un sobresalto y miró hacia abajo, pero no vio nada.

—¡Qué extraño! –dijo– Hubiera jurado que algo me tocaba las piernas.

—Te presento a mi amigo gato –dijo el jardinero con una sonrisa socarrona–. Le has caído bien.

Y añadió:

—No creo que tardes mucho en verlo.

Eso

Has visto tú a Dios? —le preguntó un hombre durante un encuentro en el jardín, mientras se envolvía junto a su mujer en un antiguo manto multicolor durante un fresco atardecer otoñal.

—¿A qué llamáis «Dios»? —preguntó el jardinero.

Nadie se atrevió a poner palabras a lo que, daban por hecho, todo el mundo sabía lo que significaba. Hubo, incluso, quien desvió la mirada para no encontrarse con los ojos del jardinero, por si le pedía que explicara lo que significaba «Dios» para él.

—Para responder a tu pregunta —dijo el jardinero ante el silencio de su auditorio—, tendremos que saber primero qué entendemos por «Dios», porque si no sabemos lo que estamos intentando ver, es muy posible que Eso se nos pase por alto cuando nuestros ojos caigan sobre ello, ¿no os parece?

Algunas asintieron con la cabeza.

—Lo que llamáis «Dios» no es más que una idea pobremente definida, que se utiliza en la sociedad para muy diversos fines, entre los cuales se halla el de la obtención de poder. Pero no es más que una idea; una idea poderosa, sí, pero una idea al fin y al cabo… cuando *Eso* —añadió, poniendo énfasis en la palabra—, es inabarcable por idea alguna.

El jardinero percibió signos de extrañeza en los rostros de la gente.

—Toda idea, para diferenciarla de otras ideas, debe tener unos límites, que nos indicarán qué entra dentro de esa idea y qué no –continuó el jardinero–. Tienes que delimitar la idea de silla para no confundir una mesa con una silla, por ejemplo, porque una silla y una mesa son *comparables*.

»Sin embargo, Eso que querríais entender por "Dios" *no* tiene límites y, por tanto, no puede haber idea alguna que lo englobe. Y no sólo eso. Además de inabarcable, es incomparable. A Eso que llamáis "Dios" no lo podéis comparar con nada, porque está más allá de la mente creadora de conceptos. Es por eso por lo que cualquier nombre que se le dé es inútil, absurdo, llevándonos a error la mayor parte de las veces...

El jardinero, percibiendo cierta confusión en algunos rostros, y comprendiendo la incoherencia de intentar explicar el Misterio a través de conceptos, dijo cambiando el tono:

—¿Acaso la palabra «roble» te permite saber lo que es un roble? –preguntó retóricamente, para responderse de inmediato– ¡No! Tienes que experimentar al roble.

»¿Y acaso la palabra "amor" te permite saber qué es el amor? –insistió–. ¡Jamás! En tanto no te enamores apasionadamente, no sabrás nunca qué es el amor. Oirás hablar de él y hasta quizás sueñes con que algún día te enamorarás, pero nunca sabrás lo que es en tanto no te enamores.

Las alegorías del jardinero desanudaron los ceños fruncidos de la incomprensión que la razón no había conseguido disolver.

E, intentando resumir lo dicho, el jardinero añadió remarcando sus palabras con las manos:

—Quedaos sólo con que Eso no se deja abarcar por idea ni concepto alguno, y que sólo puedes hacerte una idea de lo que es *experimentándolo* directamente.

—¿Y cómo podemos experimentarlo? —levantó la voz de pronto la muchacha del cabello rojo.

—Conociéndote a ti misma en lo más profundo —respondió él escuetamente, y volvió a percibir la confusión en algunos rostros.

—¿Quieres decir que es verdad eso que dicen algunos de «Yo soy Dios»? —preguntó una mujer de cabello oscuro y voz grave.

—Quiero decir que hay un grano de oro enterrado en vuestro campo, y que tendréis que escarbarlo todo hasta encontrarlo. Entonces experimentaréis directamente a Eso e iniciaréis un sendero que os llevará a verlo en todas partes...

Y, dirigiéndose al hombre que preguntó primero, añadió:

—Y verás a Eso allá donde mires.

—Lo que no me gusta es que a Eso le llames «Eso» —dijo una mujer cuya expresión la hacía parecer que estaba siempre enfadada.

—Tienes razón —respondió el jardinero echándose a reír—, pero era una manera de evitar el término, y con ello la idea, de «Dios», que tanto perjuicio trajo a tanta gente.

—Pero necesitaremos llamarlo de alguna manera, ¿no? —dijo una joven de cabello dorado y acento extranjero.

—En todos estos años he aprendido que cada pueblo lo llama de una manera distinta —reflexionó el jardinero—. Y de todos ellos hubo dos que me parecieron más acertados. Uno de aquellos pueblos lo llamaba el Innombrable, y otro, un pueblo que cautivó mi corazón desde el mismo instante en que lo conocí, lo llamaba el Gran Misterio.

Volvió el rostro para mirar el Sol del ocaso y, tras unos instantes de reflexión, volvió a mirarlos para decir finalmente:

—En tanto llegáis a experimentar en vuestro corazón ese Misterio, haréis bien en intentar verlo allá donde miréis, pues sea donde sea que pongáis vuestros ojos estaréis viendo *ya* la faz bellísima del Gran Misterio.

Con un pie en cada mundo

Al anochecer, cuando la mayoría de la gente que había participado en el encuentro del jardín hubo partido hacia su hogar, un pequeño grupo de personas se quedó conversando con el viejo jardinero, al abrigo del templete y su jazmín.

—Más allá incluso de ver al Gran Misterio en todo cuanto vuestros ojos contemplen —inundó la atmósfera del crepúsculo la voz grave del jardinero—, yo os sugeriría que lo imaginéis.

—Imaginar se me da bien —dijo una mujer joven de la ciudad, que atendía a los moribundos en el hospicio de un pueblo cercano—. Pero tú has dicho que el Misterio es incomparable. ¿Cómo podemos imaginarlo, pues?

—Por sus semejanzas —dijo el jardinero—. Cuando te conoces a ti misma, puedes conocer las semejanzas del Misterio. Cierto es que nadie puede conocer al Gran Misterio en Él mismo, en su misma esencia, porque es inabarcable e incomparable. Pero, dentro de tu alma, puedes llegar a ver su manifestación a través de una imagen en la que se revela exclusivamente para ti, porque es aquella parte mínima del Misterio que tú reflejas y materializas en este mundo.

—¿Y cómo sabré que no es una fantasía mía? —volvió a preguntar la mujer.

—La fantasía está al servicio de ese yo pequeño y egoísta que llevamos los seres humanos dentro —respondió el jardinero—. Si buscas al Misterio sin fin egoísta o personal alguno, sino por el bien de todos los seres y la comunidad de vida, el Misterio adoptará una imagen que no será producto de tu fantasía, sino de la imaginación, que es el mundo en el que todos los seres en la creación se comunican entre ellos.

»El reino de la imaginación es la esfera de las visiones —prosiguió el jardinero—, un mundo intermedio entre el universo espiritual intangible y sin formas de los significados y el mundo de los sentidos, es decir, el mundo físico tangible, de formas estables. Es allí, a mitad de camino, donde podemos encontrarnos con el Ser y con todos los seres que materializan al Ser en distintos grados en este mundo. Pero, para eso, convendrá que aprendáis a ver con los dos ojos.

—Todo el mundo ve con los dos ojos —dijo intrigada la muchacha de acento extranjero—, salvo que hayan perdido la visión de uno, claro. ¿O te estás refiriendo a otra cosa?

—Me refiero a aprender a ver, al mismo tiempo, con la visión de los sentidos, la visión física, y con la visión imaginativa, de tal modo que puedas estar con los ojos abiertos y, al mismo tiempo, estés imaginando. En esos momentos estás con un pie en cada mundo —explicó el jardinero—. Porque el Misterio se te puede revelar y manifestar a través de cualquier persona, incluso de cualquier criatura, pero sólo podrás saberlo a través de la imaginación, viendo, más allá de la apariencia física de la persona o la criatura, a quien realmente está detrás, dirigiéndose a ti.

—¿Y cómo sabremos entonces que es el Misterio? —preguntó de nuevo la joven madre.

—Lo sabréis porque vuestro corazón os lo dirá con una contundente certeza –dijo él, para luego añadir en un suave murmullo–. Habrá veces, incluso, en que el Misterio se os revelará con una abrumadora Belleza, pues la Belleza es la más inequívoca de sus manifestaciones.

El jardinero guardó silencio por unos instantes, como si paladeara momentos del pasado en sus recuerdos, al cabo de los cuales, añadió:

—El Misterio, en su Amor, no anhela otra cosa que darse a conocer a las criaturas de su imaginación.

¿Quién quiere novio?

Mi madre no deja de insistirme en que debería buscar un novio y casarme —dijo la joven de los ojos negros con un mohín de hastío.

Estaba sentada en el murete de piedra de la alberca del Manantial de las Miradas y removía el agua con la mano izquierda, contemplando cómo las hojas secas del otoño en su superficie huían de sus dedos.

—No te veo yo casada —le dijo la dama silenciosa, que estaba sentada en el poyo aledaño a la alberca, con un canasto bajo el brazo lleno de verduras.

—No, yo tampoco me veo —respondió la joven—. No me interesa el matrimonio ni la vida de pareja, al menos de momento.

—¿Qué quieres hacer con tu vida?

—No sé exactamente. Sólo sé que, desde niña, me apasionan los mundos interiores... y los lazos invisibles de éstos con el mundo de los sentidos..., sobre todo con la naturaleza..., porque las cosas de la sociedad no me inspiran demasiado, la verdad —añadió.

—Te entiendo —dijo la dama silenciosa—. Yo también pasé por ahí. Quizás sea el precio que pagamos las mujeres que somos sensibles a la realidad interior.

—Pues yo no me voy a casar, por muy terca que se ponga mi madre —dijo la joven de los ojos negros con firme determinación.

—No, no creo que te cases, al menos no del modo que espera tu madre...

Y, como intentando no dar demasiada importancia a sus palabras, añadió:

—Alguien a quien conociste cuando eras una niña está por ahí esperando el momento de hablar contigo.

Y fijando su vista en los negros ojos de la joven, que la miraba con una expresión de extrañeza, añadió con dulzura:

—Creo que deberías escucharle.

Y, sin siquiera dar tiempo a que la joven le preguntara de quién se trataba, la dama silenciosa se levantó rápidamente, tomó su canasto entre las manos y se despidió:

—Nos vemos luego en el templete de los atardeceres.

El Concilio de Todos los Seres

Mediado el otoño, cuando las hayas tintaban el aire del bosque viejo con tonos naranjas y amarillos, el Espíritu del Viento se le apareció a su amigo el jardinero una mañana, cuando estaba sacando agua del pozo junto al albaricoquero. Le dijo que el Concilio de Todos los Seres se celebraría al cabo de siete días, y que esperaban su presencia, así como la del resto de los humanos que habían sido invitados por el Señor de la Naturaleza durante la celebración del fin de los trabajos de la primavera.

Llegado el día, el jardinero se presentó en el lugar anunciado con sus tres acompañantes, a quienes había sacado directamente de sus ensueños en mitad de la noche. Una muchedumbre de seres de los más distintos aspectos, formas, colores y texturas se había congregado en un valle entre elevadas montañas, en lo que parecía un circo natural de suaves pendientes, donde todo el mundo podía ver el rostro del resto de los asistentes.

Estaban allí los espíritus colectivos de todas las especies vivas existentes sobre la tierra, además de los espíritus individuales de aquellos que, en cada especie, destacaban por su edad y su sabiduría, como la Gran Madre Haya, que había llegado a conocer profundamente al jardinero pocos meses atrás.

Estaban también los grandes Espíritus de la Tierra, los espíritus del viento y el aire, del fuego y el rayo, de la tierra, las cuevas y sus simas inexploradas, de las aguas, las nubes, las lluvias y los mares. Junto a ellos, destacaban los espíritus de las montañas, los hielos y las nieves perpetuas, les espíritus de los lagos, los valles y los ríos; y, cómo no, los grandes espíritus de los desiertos, los bosques y las tundras, de las interminables estepas y praderas, de los poderosos glaciares y las selvas impenetrables, de los archipiélagos de coral y las profundidades abisales de los océanos.

Y, entre todos ellos, los habitantes del jardín pudieron discernir a representantes de todo tipo de razas de espíritus de la naturaleza según sus elementos, desde ondinas de las aguas, y gnomos y enanos de las profundidades terrestres, hasta los gráciles silfos del aire y las ardientes salamandras, pasando por infinidad de razas de elfos, duendes, trasgos, hadas, nereidas, sirenas y tritones, dríadas, troles y faunos.

También había otros muchos humanos, de todas las razas y colores, de todas las tribus y tradiciones, elegidos por el espíritu de la Tierra entre los más sabios, los más intuitivos y más llenos de amor y compasión en todos los continentes. A algunas de estas personas las había conocido el jardinero en sus viajes, y no dudó en acudir a saludarlos, abrazándose estrechamente cuando el vínculo y las experiencias vividas juntos los llevaban a ello.

Finalmente, en el centro de aquel coliseo natural, un antiquísimo tejo de arrugada y rojiza piel, con sus ramas cargadas de frutos rojos, hacía las veces de transmisor de las palabras del espíritu de la Madre Tierra, que presidía la asamblea. Junto a él se hallaban el Señor de la Naturaleza, como portavoz, y sus elfos reales, a modo de acompañamiento y custodia.

En resumen, la Tierra y toda su comunidad de vida se habían congregado en asamblea por vez primera en varios cientos de años, un acontecimiento que muy pocos seres humanos habían podido presenciar. Este hecho llevó a las acompañantes del jardinero a sentirse un tanto cohibidas, pero también extremadamente privilegiadas, sentimientos que llevaron a la dama silenciosa a tomar de la mano a la joven de los ojos negros y apretársela con fuerza.

Tras las palabras de bienvenida a todos los presentes por parte del Señor de la Naturaleza, la propia Tierra tomó la palabra a través del Anciano Tejo con el fin de exponer el problema.

El asunto no era otro que los peligrosos efectos que sobre la Vida toda iban a tener las actividades de los seres humanos en el plazo de unos pocos cientos de años. Muchos de los presentes eran conscientes ya del curso que estaban tomando los acontecimientos, del sendero de destrucción en el que se había sumergido la especie humana, arrasando bosques, ensuciando ríos, diezmando especies animales, perturbando la quietud de los mundos donde habitaban el resto de los seres. Y los más sabios y clarividentes en la comunidad de vida habían vislumbrado ya hacia dónde se dirigía la humanidad en su inconsciente discurrir, anticipando que, de dos a cuatro siglos a más tardar, la Tierra sería inhabitable.

Nadie sabía a ciencia cierta hasta dónde podría alcanzar la calamidad —«pues el futuro nunca está escrito», añadió la Madre—, ni tampoco lo que todo esto pudiese suponer para ella y para el conjunto de la comunidad de vida sobre su piel y bajo ella. Quizás, incluso, sugirió el Señor de la Naturaleza, la propia Madre pudiese verse obligada a «dejar caer el manto» de su antiquísimo cuerpo de rocas, fuego, agua y aire.

Había que anticiparse al desastre, sabiendo que el desafío iba ser difícilmente evitable, pero con la confianza de que, todos juntos, podrían mitigar los daños y trazar un rumbo que evitara el colapso definitivo, abriendo nuevos horizontes a una vida en común de todos los seres y los espíritus sobre la tierra.

Muchos de los humanos presentes en el concilio –principalmente aquellos que representaban a las culturas que más daños estaban causando– no podían ocultar la vergüenza que les ocasionaba ser el motivo de tanta preocupación, viendo que el resto de los espíritus y representantes de los seres debatían sobre los efectos humanos a combatir y sus posibles soluciones. Incluso hubo un representante de los trasgos que, con una voz ronca, sugirió que quizás los humanos deberían aceptar extinguirse antes que provocar tanto mal.

—No me parecen sabias tus palabras –intervino de pronto la Madre Haya del bosque viejo–, pues si el Gran Misterio y la Madre tuvieron a bien crear a los humanos, debió ser por algún motivo importante, por mucho que no alcancemos a entreverlo. Yo he llegado a ver el espejo del corazón de uno de ellos, aquí presente, y he comprobado que en él no se refleja otro que el Misterio.

»Si él ha podido hacerlo –añadió mirando en derredor a la asamblea–, no dudo que otros muchos como él lo habrán hecho ya o podrán hacerlo.

Entonces intervino de nuevo la Madre a través del tejo engalanado de frutos.

—Es obvio que estos hijos nacieron diferentes al resto, pero aún no he podido discernir a ciencia cierta y en toda su extensión su cometido y su papel en el tejido de la Vida. Por momentos los veo como a hijos inadaptados y rebeldes, que quizás haya que enderezar de algún modo. Pero un instante después siento que el Gran Misterio los hizo nacer en mí para propiciar un cambio que, por doloroso que sea, quizás nos lleve a todos, a vosotros y a mí, a un nuevo estadio de existencia.

—¿Queréis decir, señora, una metamorfosis? –preguntó el Señor de la Naturaleza.

—Sí, quizás sea ésa la expresión –respondió ella reflexiva.

El jardinero se acordó entonces de aquella visión que tuvo tantos años atrás, en los primeros tiempos del jardín, aquella noche en que, sin saber cómo, su alma se elevó hasta la Luna. Recordó que, estando en los cielos de la Luna, se dio la vuelta hacia donde había dejado su cuerpo y cayó en un profundo éxtasis ante la súbita contemplación de una media Tierra azul, suspendida sobre el telón de terciopelo negro del espacio.

«Madre...», había susurrado en medio de su éxtasis en aquella ocasión.

No, no podía ser que el ser humano acabara con la Tierra, con su madre. Aquel arrobo amoroso debía habitar ya de un modo u otro en el corazón colectivo de la especie humana. Quizás los seres humanos individuales no fueran conscientes de lo que hacían, quizás fueran una multitud ingente de necios obcecados en su egoísmo y su estupidez. Pero más allá de cada ser humano individual se hallaba el alma colectiva humana, un alma sabia, tras cientos de miles de años de aprendizaje a través de sus sucesivas generaciones, un alma enamorada de la belleza de su madre, la Tierra, desde tiempos inmemoriales. El alma humana no podría consentir tal desgracia.

En ese momento, el jardinero se dio cuenta de que sus tres acompañantes del jardín, le miraban con un sentimiento mezcla de orgullo y sorpresa, y el jardinero comprendió de inmediato que sus pensamientos, por algún extraño proceso, se habían hecho audibles para toda la asamblea.

Entonces, un viejo amigo del jardinero, el espíritu de uno de los grandes desiertos del mundo, se pronunció así:

—Sabéis que, en el silencio de mis días, he sentido los miedos y los anhelos de los humanos a través de sus pasos sobre mis arenas, y que mi presencia callada los ha llevado a abrir su alma ante mis ojos. Es por ello por lo que creo conocerlos en lo más profundo.

»Desde hace siglos, siento que los humanos nos llevarán a todos a una encrucijada terrible y determinante —continuó el espíritu del desierto—, en la que tendrán que decidir por su futuro y por el futuro de sus hermanos en la comunidad de vida…, quizás incluso por el futuro de todos nosotros, los Espíritus de la Tierra. Y en el silencio de mis noches, contemplando sus sueños, he sentido que, llegando a esa encrucijada, los humanos decantarán su alma por la Vida y no por la destrucción, y que su resolución levantará una insospechada marea de transformación en toda la Tierra, una marea tan inimaginable como el tapiz de flores que emerge de mis arenas, aparentemente estériles, tras el paso de la lluvia.

Los corazones de los seres humanos presentes en la asamblea se iluminaron de pronto con un fulgor de esperanza, mientras las voces de sus pensamientos agradecidos resonaban en los corazones de todos los presentes. Entonces, el espíritu de una de las grandes selvas tropicales tomó la palabra.

—El rumor de tu voz, nacida del silencio de tus dunas, me ha llevado a soñar en la penumbra de mis recónditas espesuras, y he visto en sueños lo que ocurrirá. He visto que esa marea que dices que levantarán los humanos no será obra de sus multitudes, sino obra de un pequeño grupo de almas indomables. Y he visto en mi sueño, y he sentido, que esos humanos serán la levadura de una transformación que nos alcanzará a todos sobre la Madre, sea cual sea nuestro origen y estirpe, nuestra antigüedad y nuestro ministerio.

—Sí, yo he soñado lo mismo –dijo de pronto, gravemente, el espíritu ventoso de las praderas.

—Yo también –hizo descender su serena voz el espíritu de las más altas montañas.

—Y yo –dijo el aguerrido espíritu de una isla brumosa.

Y de repente cayó un silencio sordo sobre la asamblea, un vacío absorbente que engulló todos los sonidos, y todos supieron que la Madre, y a través de ella el inescrutable Misterio, habían descubierto, en lo más profundo de su esencia Una, una nueva trama de líneas de futuro, una red inextricable de futuros posibles, de futuros probables, de futuros soñados y anhelados... Y todos los seres y espíritus en la asamblea sintieron, desde la más profunda certeza, cuál sería el trabajo de cada uno de ellos en aquel entramado vital de posibilidades, en el tejido infinito de vidas entrelazadas que todos ellos eran desde la mirada eterna de la imaginación del Innombrable.

Todos los humanos cayeron entonces de rodillas, y el resto de los seres y espíritus inclinaron su cabeza, ante la abrumadora realidad que se abrió en sus conciencias. Y supieron que todos juntos vivirían, cuando se desatara la marea propiciada por un pequeño grupo de humanos, la más sobrecogedora de las experiencias. Una experiencia que los llevaría a convertirse en la expresión más perfecta de la Madre en su unión definitiva con el Gran Misterio.

Tras aquella inabarcable certidumbre, el jardinero se sintió caer en un abismo sin fin, en un espacio vacío de un azul profundo, preñado de imágenes de pasado, presente y futuro, de rostros y acontecimientos, de sentimientos abrumadores e ideas inapresables, de intuiciones sobrenaturales preñadas de un gozo necesariamente callado por indescriptible.

Y, súbitamente, todo se detuvo… y el jardinero vio que sostenía un bebé entre sus brazos. El bebé le miraba fijamente, con unos ojos redondos y puros que transmitían una inteligencia y una sabiduría insólitas en un niño tan pequeño. Le miraba tranquilo, desde una profundidad ignota, misteriosa.

«En verdad es un niño divino», pensó el jardinero, y supo en sus ojos que aquel niño era él mismo. Entonces sintió algo en la parte posterior de la cabeza del bebé, y, cuando lo volvió, vio que eran dos margaritas secas, que conservaban todo su color, con el centro amarillo y los pétalos blancos, y cuatro bolitas de papel, que se transformaron lentamente en semillas de maíz.

Y el jardinero supo que las margaritas y las semillas eran el tesoro de su alma inmortal, acumulado a través de sus infinitas existencias, y supo que las traía para ofrecérselas al mundo, para dejar un legado de Belleza y Vida, para sembrar las orillas de los océanos e invocar la voluntad indomable de una multitud de sembradores de las mareas.

Cuando el jardinero abrió los ojos ya era de día. El Sol templaba la piel de sus mejillas por entre las ramas desnudas de los árboles. Estaba sentado en el poyo de piedra junto al Manantial de las Miradas, reposando su brazo izquierdo sobre el murete de la alberca, con las puntas de los dedos atravesando la tersa superficie del agua.

—Habrá que volver las veces que haga falta —musitaron sus labios en un susurro.

Explicaciones

Cuando la joven de los ojos negros apareció por detrás de la rocalla de flores, el jardinero estaba en la puerta de su cabaña, conversando con el gato blanco en su regazo y con la pequeña planta que conocía todos sus secretos. La joven se dirigió directamente hacia él y se sentó a su lado en el banco de madera, sin decir nada.

Al cabo de un rato en que ninguno de los dos abrió la boca, la joven dijo finalmente, mirando al vacío:

—Acabo de hablar con ella...

El jardinero supo de inmediato que se refería a la dama silenciosa.

—... y me ha dicho que me tomó la mano y me la apretó en esa extraña asamblea en la que estuve anoche en sueños —continuó la joven—. O sea..., que no fue un sueño.

—Bueno... —vaciló el jardinero ladeando la cabeza—. No, al menos, el típico sueño que tienen todos los humanos.

La joven suspiró.

—Yo creía que ya lo había visto todo, después de la fiesta de la primavera con el Señor de la Naturaleza y los elfos reales.

El jardinero se volvió hacia ella y, con media sonrisa socarrona y una gran ternura, le dijo:

—Aún te queda mucho por ver, cariño.

—Ya veo…

La joven suspiró de nuevo y, tras morderse el labio superior, como dudando de las palabras a elegir, añadió:

—Tendremos que hablar de lo que sucedió cuando se hizo aquel extraño silencio, cuando los seres humanos caímos de rodillas… y quizás tengas que darme algunas explicaciones más.

—Cuando quieras –dijo él.

—Por cierto… ¡qué azul más bonito el de los ojos de tu gato! –dijo la joven guiñándole un ojo, mientras se ponía en pie para marcharse.

—Se llama Ánima –le dijo el jardinero riendo entre dientes, mientras ella se alejaba.

El sendero de la mariposa

¿Qué sentiste tú cuando se hizo el silencio? –preguntó la joven de los ojos negros.

El antiguo aprendiz, que estaba sacando piedras de las huertas de una en una, preparando la tierra para cuando llegara el tiempo de las candelas, se incorporó y miró a la joven gravemente.

—Sentí que, dentro de unos pocos cientos de años, el mundo pasará por una transformación inimaginable –dijo él–. Tan inimaginable como la mariposa puede ser para la oruga.

La joven se acordó de pronto de una escena de su infancia, cuando una mariposa de color naranja, que se había encariñado de su mano, saltó de pronto a la mano de un viejo médico desahuciado que, poco después, hallarían muerto una tarde de primavera en la zona oeste del jardín.

—A nosotros, eso nos queda muy lejos –continuó él pensativo–, pero sentí también que tenemos que empezar a preparar ya el terreno para cuando ese momento llegue… –Y añadió, echando una piedra fuera del terreno del futuro cultivo–: Igual que sacamos piedras de las nuevas huertas semanas antes de comenzar a sembrar.

La joven asintió con la cabeza y bajó los ojos.

—Sí, yo sentí lo mismo –dijo.

—Lo sentimos todos –añadió el joven jardinero hablando también por su esposa, la dama silenciosa.

—¿Y qué crees que podemos hacer ahora, siendo algo que va a tardar tanto en ocurrir? –preguntó de nuevo la joven.

—No lo sé –dijo él mirando a la joven gravemente–. Sólo sentí lo que me corresponde a mí. De momento, debo mantener vivo el jardín que me legó mi maestro, para que la gente encuentre un lugar donde darse la mano con la Vida, para que siempre haya alguien que no se pierda en la maraña de los espejismos materiales. Sentí que, algún día, eso traerá graves consecuencias a la humanidad y a la vida toda en la Tierra.

—Yo sentí que volveremos una y otra vez a la vida… para preparar el sendero de la mariposa –dijo la joven bajando los ojos.

—El sendero de la mariposa –repitió el antiguo aprendiz con una triste sonrisa–. Sí, quizás sea la mejor manera de llamarlo…, la más poética, la más hermosa.

—Sí –dijo ella melancólica–. Hay muchas maneras de convertirse en mariposas.

Demasiada «poesía»

D urante muchas jornadas, nadie vio un rayo de Sol cruzar los cielos de la comarca. Tras una semana de gélidos vientos boreales, que habían llevado a la gente a recluirse en sus hogares a resguardo del lacerante frío, el cielo se había cubierto con unas tenebrosas nubes grises, que parecían haber decidido quedarse allí para siempre.

En uno de aquellos días, un hombre de semblante taciturno, que de cuando en cuando recorría los senderos del jardín, se acercó vacilante hasta el jardinero, que estaba ocupado podando un almendro al otro lado de la vereda de las lilas.

El hombre saludó al jardinero e intercambió con él algunos comentarios intrascendentes, de esos que utilizan las personas cuando quieren ser corteses, pero no saben qué decir... o bien de aquéllos a los que se recurre como preámbulo, antes de entablar una conversación más sustanciosa.

El caso es que el hombre parecía un poco tímido y, tras los comentarios iniciales, se quedó callado mirando al paisaje, sin saber cómo plantear al jardinero lo que le había traído allí.

El jardinero, entendiendo la situación, le dijo al hombre taciturno:

—¿Qué te aqueja, amigo?

El hombre bajó la cabeza, intentando ocultar el brillo de unas lágrimas incipientes.

—Realmente, no lo sé —respondió el hombre en un murmullo—. Llevo ya unos años en que siento que mi vida no tiene mucho sentido…, pero, ya sabes, uno sigue adelante…

El hombre rebuscó un pañuelo en su bolsillo para secarse las lágrimas. «Los hombres no deben llorar», le decía un juez implacable en su cabeza, mientras se enjugaba los ojos.

—… y, por último, estos días tan oscuros…, el no ver la luz del Sol durante tantas jornadas, ha hecho que me derrumbe finalmente.

—Es como si el mundo exterior viniera a reflejar nuestro mundo interior —dijo el jardinero comprensivo, en voz baja—, para que le prestemos atención de una vez, ¿no es cierto?

—Sí, algo así… —dijo el otro.

El jardinero dejó las tijeras de podar a los pies del almendro y le dijo al hombre:

—Ven conmigo.

Y se lo llevó lejos del jardín.

Mientras caminaban, el hombre le fue explicando al jardinero la situación existencial por la que venía transitando desde hacía varios años y que no había enfrentado hasta que se había derrumbado en una profunda depresión.

Casi sin darse cuenta llegaron hasta el barranco de las tierras rojas, y el jardinero tomó el camino que subía a la gran montaña. Ascendieron lentamente, conversando, y cuando llegaron a la cima las nubes se abrieron inopinadamente. Los rayos del Sol se abatieron sobre la superficie del mar en el lejano horizonte, y los destellos marinos cruzaron valles y montañas hasta reflejarse en los ojos del hombre taciturno.

—Cuando la vida es un interminable día gris de invierno, lo mejor que puedes hacer es subir a la montaña más alta. —Escuchó el hombre la voz del jardinero—. El Sol nunca deja de brillar por encima de las nubes. Sólo tienes que elevarte para volver a ver el Sol de nuevo.

El hombre se volvió hacia el jardinero y le dijo:

—Entiendo que me hablas con metáforas, o parábolas, o como se llame eso. Pero no entiendo a qué te refieres con la montaña.

—Me refiero a la montaña de la consciencia –respondió el jardinero–, una montaña para la que no tendrás que caminar tanto, pues está dentro de ti.

»Dentro y fuera se reflejan como dos espejos. Los días grises no hicieron más que recordarte tu situación interior, llamando tu atención sobre un problema que ya no podías postergar más. Y el haber subido aquí y ver la luz del Sol va a espolear tu alma para que eleves tu consciencia. Cuando asciendas a la montaña de la consciencia y dejes atrás a tu pequeño yo lastimero, se hará la luz en ti y comprenderás que la oscuridad sólo puede existir en ese mundo limitado del yo, que se siente distinto del resto de la creación, y no en los mundos que se extienden mucho más allá de lo que su corta vista alcanza.

El hombre bajó la cabeza, reflexionando sobre las palabras del jardinero, hasta que, elevando el rostro de nuevo, le miró a los ojos y dijo:

—Y no podrías decirme en palabras llanas, sin tantas «parábolas», ¿qué puedo hacer para salir de «este día gris» de mi alma?

El jardinero se quedó mudo por un segundo, quizás intentando encajar lo que el hombre le acababa de decir, y de pronto estalló en una carcajada limpia y vibrante.

—¡Tienes razón! –le dijo al fin en medio de su hilaridad–. ¡Me voy mucho por las ramas con tanta «poesía»!

El hombre se rio también, por vez primera en muchos días, al ver que el jardinero no sólo no se había tomado a mal su «sugerencia», sino que, además, se reía de sí mismo.

Cuando apaciguó su ánimo, el jardinero miró a los ojos al hombre taciturno y, posando la mano sobre su hombro, le dijo:

—Quítate importancia a ti mismo. Olvídate de ti mismo, de lo que piensas de ti o de lo que los demás piensen de ti, de los males que te aquejan y de lo que te pueda deparar el futuro. Y mira afuera… y contempla con atención el dolor que existe en el mundo que te rodea.

»Y cuando comprendas que el dolor que hay fuera es más grande que el dolor que tienes dentro —continuó—, y cuando te entregues a mitigar el dolor de fuera y te olvides del dolor de dentro, entonces verás la luz del Sol desde las altas montañas de tu alma.

Y, tras una mínima pausa, añadió con sorna:

—¡Ya me ha vuelto a salir la «poesía»!

Y ambos hombres emprendieron el camino de vuelta entre risas.

El monje de las montañas

Aquella tarde gris de invierno, los dos jardineros se habían quedado solos de pronto. Nadie deambulaba por las cercanías del estanque, a cuyas orillas reposaban.

—Maestro, ayer tuve una experiencia muy extraña dentro de mí –dijo el joven jardinero a su mentor–. No fue un éxtasis ni nada que se le pareciera, pero me produjo un profundo sentimiento de liberación, al tiempo que una inquietante confusión.

El viejo jardinero no dijo nada. Se limitó a mirarle apaciblemente, esperando sus explicaciones.

—De pronto –continuó el antiguo aprendiz–, me di cuenta de que no había más que una única consciencia en todo el universo, y que yo era esa única consciencia, que no había nada fuera de mí, que todo era una creación de mi consciencia, de mi imaginación...

—Y te sentiste más solo que Dios. ¿No es eso? –dijo de pronto el viejo jardinero con media sonrisa.

—¡Exacto! –dijo el joven sintiéndose aliviado al ver que lo que le había ocurrido no era una ilusoria invención de su cabeza–. Al principio, fue una experiencia triste por aquella sensación infinita de soledad, pero luego se transformó en una experiencia gozosa, cuando comprendí que eso no impedía que siguiera «jugando» en esta inmensa obra de teatro que es la vida.

»Me di cuenta de que no hay nada dramático ni trágico, que los dramas y las tragedias no tienen más importancia que la que un actor le puede dar a una escena terrible una vez termina la representación teatral. Y comprendí que todo es perfecto ya, y que lo fue siempre, que no había nada que cambiar para que el mundo fuera mejor, que todo estaba en su sitio, y que yo podía interpretar cualquier papel que se me antojara, que todo este "teatro" maravilloso estaba ahí para mi deleite y disfrute, que no había un sentido último de la existencia, y ni falta que hacía…

»Y súbitamente sentí unas inmensas ganas de reír —continuó el joven—, y sentí que la risa emergía desde lo más profundo de mi vientre, como si mi cuerpo, harto de las servidumbres de la materia, hubiera encontrado de pronto una vía para la esperanza.

—Parece que contemplaste la realidad última, hijo —dijo el jardinero con una sonrisa de satisfacción—. La Realidad, en grande, sin otra realidad alternativa, la que subyace a todas las realidades de la experiencia.

—Sí, algo así siento que es —dijo el joven—. Pero eso ha abierto la puerta a un dilema, maestro. Si todo está bien ya, si todo es perfecto en última instancia, ¿qué sentido tiene intentar mejorar el mundo en el que vivimos, proteger la vida, defender a los oprimidos, cuidar de los desvalidos, ayudar a los que tienen necesidades? ¿Qué sentido tiene, incluso, cuidar de las plantas y los árboles en el jardín, de aves, ardillas, hadas y duendes, y de los humanos que liberan sus pesares recorriendo sus senderos?

—¿En qué lugar del corral de comedias te encuentras ahora? –le preguntó el jardinero.

—No entiendo –respondió el joven.

—Sí... ¿Desde dónde estás viendo la «obra de teatro» en estos momentos? ¿Desde el patio del corral de comedias, desde la balconada... o estás de nuevo en el tablado del escenario, interpretando un papel?

—Creo que estoy de nuevo en el escenario, interpretando el papel del actual jardinero del jardín que tú creaste –respondió el joven con un ligero tono de decepción.

—Entonces, los valles vuelven a ser valles, los árboles vuelven a ser árboles y las montañas, montañas –dijo el jardinero.

—Maestro, no te entiendo.

—Perdona, hijo –se excusó el viejo jardinero–. Es una máxima... o algo así como una sentencia que dicen los monjes de una tradición religiosa de un lejano país que visité.

»Quiero decir que, si ya no estás más solo que Dios, si tu consciencia vuelve a habitar en el mundo de siempre, donde percibes otras consciencias además de la tuya, entonces tu alma pura y tu empatía por el dolor ajeno te van a seguir exigiendo que hagas algo.

»Si te hubieras quedado en ese estado, en la Realidad última, obrarías también en consecuencia y posiblemente te retirarías del mundo, porque te resultaría imposible relacionarte con el resto de las personas y los seres sintiendo y sabiendo que todos eres tú. Pero si vuelves a este estado, "los valles vuelven a ser valles y las montañas, montañas", y tu corazón te va a exigir que hagas algo para aliviar el sufrimiento de todos los seres con los que te encuentres.

—Entiendo, maestro –dijo el joven jardinero con un punto de tristeza–. Entonces, mientras estemos en este mundo,

¿no podremos hacer otra cosa que seguir sintiendo y contemplando el dolor y el sufrimiento?

—¿Quién sabe? –respondió el jardinero con aire cansado, encogiéndose de hombros–. Para el Gran Misterio no hay nada imposible, y nunca sabes cuáles pueden ser sus intenciones desde ti.

»Recuerdo a un anciano monje, que conocí en un templo perdido en mitad de unas impresionantes montañas de Oriente –cambió de paisaje el jardinero, entrecerrando los ojos como para recordar mejor–. Con él estuve hablando de la misma experiencia interior que tú me has contado ahora. Él la llamaba "iluminación", y la comparaba también con una especie de teatro, una ópera, que en su cultura hacen con fines ceremoniales. Él decía que, cuando tenemos esa experiencia, nos damos cuenta de que el mundo en el que habíamos estado viviendo era una ilusión, y que los supuestos demonios no eran más que actores en una escena trágica, aunque carente de trascendencia fuera del escenario, en el gran teatro de la existencia.

»Pero decía que, más allá de la iluminación, de ver que todo está bien y que no hay que hacer nada para que la realidad sea perfecta ya, sigue existiendo un nivel de la consciencia que sigue sin redimir. En ese otro mundo de la realidad que dejamos atrás, el dolor y la injusticia perduran, y los seres sufren y no ven salida alguna a su pesar.

»"¿Cómo puede, entonces, el iluminado", recuerdo que me preguntó, "olvidarse de ese estado de la mente en el que él mismo vivió y en el que todavía viven tantos seres, muchos de ellos sin esperanza alguna de redención?".

»Y, entonces, aquel anciano monje me habló de una especie de santo de su tradición, de un ser casi divino, que, tras alcanzar el estado de iluminación y liberarse de los lazos y los sufrimientos del mundo de los sentidos, había decidido regresar de nuevo a él, las veces que hiciera falta, a pesar de las penalidades que supone la existencia terrestre, con el fin de ayudar al resto de los seres de la creación a encontrar el camino que él había hallado.

»Aquello me dio mucho que pensar —confesó el viejo jardinero—, y estuve dándole vueltas en mi corazón durante meses, después de descender de aquellas montañas. ¿Cómo, pudiendo quedarse en un estado de bienaventuranza absoluta, y sabiendo que, al fin y al cabo, todo es perfecto ya, podía uno decidir regresar al sufrimiento del mundo sensible, como si jamás hubiese saboreado la dicha y el gozo de la liberación?

—¿Cómo, maestro? —le interrumpió de pronto, anhelante, el joven jardinero—. ¿Cómo se podría hacer eso?

El jardinero no dijo nada, sino que se quedó mirando fijamente a los ojos a su antiguo aprendiz, con una ternura infinita, como si le contemplara desde las lejanas playas de un mundo más distante que la más distante de las estrellas.

Entonces, una lágrima trémula brilló, mientras intentaba sujetarse a los párpados de sus ojos.

—Por Amor —dijo finalmente el jardinero—, por el poder incontenible del Amor.

Maldito cuervo

Los dos jardineros venían conversando por el sendero en dirección al mesón cuando, al llegar al Camino Real, escucharon a un hombre gritar:

—¡Maldito cuervo del infierno!

Era un carretero, que cruzaba en aquel momento por delante del mesón.

—¡Maldito cuervo, hijo de una bruja! –añadió toscamente el hombre, sabiéndose observado por los transeúntes y por los parroquianos del mesón–. ¿Pues no ha venido y me ha dado cuatro guantazos en la cara con las alas? ¡Hasta los caballos se han parado!

En ese momento, los dos jardineros se dieron cuenta de que, a un escaso metro de los cascos de los caballos, el cuervo estaba empujando con el pico a un erizo, que se había quedado inmóvil en mitad del camino, quizás aterrorizado ante la imponente imagen de los caballos que se le venían encima. Con cada empellón de su poderoso pico en los cuartos traseros del erizo, éste caminaba unos pocos centímetros y se paraba de nuevo, sin comprender que debía salir del camino cuanto antes, si no quería terminar siendo víctima de caballos con anteojeras, carros u otras bestias de carga.

—Pero ¿será posible? –volvió a vocear el carretero–. ¿Pues no está el maldito cuervo sacando a un erizo del camino, estorbando a todo el mundo como si no hubiera nada más importante que hacer?

Y el hombre arreó con furia a los caballos para que echaran de nuevo a andar.

En ese instante, los dos jardineros hicieron ademán de adelantarse para tomar de las riendas a los caballos e impedir su avance, pensando no sólo en evitar que aplastaran al erizo, sino también en impedir que, si algún caballo se clavaba una púa del pequeño animal, pudiera desbocarse y provocar así un grave accidente. Pero los dos jardineros se detuvieron de inmediato al ver que los caballos no movían ni un solo músculo, negándose a obedecer.

Al carretero se le llevaban los demonios al ver que los caballos no obedecían sus órdenes, a pesar de los golpes que les propinaba con las riendas. Sólo cuando el cuervo hubo sacado finalmente al erizo del camino, los caballos obedecieron al carretero y reanudaron su marcha, mientras el cuervo echaba a volar y el carretero lanzaba imprecaciones a diestro y siniestro.

Así le vieron todos alejarse, maldiciendo a los caballos, al cuervo y al erizo con grandes voces, que se fueron apagando lentamente en la distancia.

Entonces, el jardinero se volvió a su antiguo aprendiz y dijo parsimoniosamente:

—De entre los cinco seres que han estado involucrados en esta bizarra situación, ¿cuál dirías tú que carece más de inteligencia?

El benefactor

C ada vez acudían más personas a los encuentros que el jardinero atendía cada primer día de la semana en el templete de los atardeceres. En una de aquellas ocasiones, en una soleada tarde de invierno, un joven de mirada limpia y disposición audaz levantó la mano y dijo:

—Jardinero, ¿cuál es la enseñanza más profunda que podrías ofrecernos de entre todo cuanto has aprendido en tu larga vida?

El jardinero bajó la cabeza, reflexionando por unos instantes, tras los cuales dijo al joven:

—¿Cómo hablar de algo que, para su entendimiento, tendrías que conocer antes estados del alma que no se dejan explicar ni compartir con palabras? Si no los has experimentado, ¿cómo podría hablarte de lo que viene después?

Calló de nuevo, miró con ternura a toda la asamblea de personas allí reunidas y dijo:

—¿Cómo podría hablaros de la fragancia de las flores si no hubierais desarrollado vuestro sentido del olfato y jamás hubierais aspirado el aroma de las lilas o el jazmín?

»¿Cómo hablaros de los mundos superiores –continuó–, si aún no habéis desarrollado el órgano de percepción necesario para contemplarlos?

—¿Quizás una historia podría dejarnos una pista? –dijo la muchacha del cabello rojo.

El jardinero sonrió con dulzura. Aquella muchacha era muy querida para su corazón.

—Dices bien –aceptó finalmente–. ¿Con qué historia podría compararlo?

Y bajó la cabeza de nuevo, estirándose suavemente los extremos del bigote y de las barbas, mientras intentaba recordar alguna historia que se asemejara a lo que quería transmitir.

—A ver qué os parece esto…

Dijo al cabo de casi dos largos minutos, en los que la gente guardó silencio y desvió la mirada de él intentando que no se sintiera atosigado.

—Un joven artista soñaba con hacer la mayor obra de arte de todos los tiempos, una obra capaz de transformar el mundo, transmutando los corazones de todos aquellos que la contemplaran. Pero sabiendo que era joven y que ni siquiera disponía aún de la técnica y los conocimientos de su arte requeridos para hacer tamaña creación, puso su intención en manos de la divinidad y renunció a su propia voluntad.

»Comenzó a formarse con un viejo artista, al que conoció por casualidad y que le aceptó como aprendiz. Y no tardó mucho en conseguir que sus obras llamaran la atención de los entendidos, pues veían en ellas un estilo distinto, un arte que, por otra parte, estaba profundamente inspirado en la naturaleza. No mucho después recibió una carta de alguien que afirmaba ser un mecenas, aunque prefería no dar su nombre, y que se comprometía a cubrir su manutención y sus gastos para la subsistencia mientras él se entregaba a desarrollar su arte.

»El joven artista se sintió el ser más afortunado del mundo, sabiéndose indigno de tan alto privilegio, cuando otros artistas destacaban más que él.

»Durante los primeros años, el joven estuvo recibiendo cartas de su benefactor con frecuencia, de tal modo que llegó a desarrollar un profundo afecto por él. Pero, con el tiempo, las cartas se fueron espaciando y, aunque en ningún momento dejó de cubrir sus necesidades, el mecenas comenzó a pedirle obras cada vez más complicadas, obligándole a recurrir a métodos y materiales cada vez más complejos y difíciles de trabajar. Fue por aquel entonces cuando el joven artista comenzó a sospechar que su secreto benefactor le conocía íntimamente.

»No mucho después, el mecenas le haría llegar al artista un extraño objeto, una especie de collar de cuentas procedente de Oriente, junto con un mensaje en el que le decía que aquélla era la señal de su compromiso eterno, hasta que lograra realizar la gran obra de arte que transformaría el mundo. Y el joven artista decidió tener fe en las palabras de su benefactor, a pesar de no saber cómo ni cuándo podría cumplir con su parte del trato.

»Y así pasó el tiempo, con el joven artista madurando en años y en arte, mientras el contacto y el compromiso de su benefactor, aunque más esporádico, se mantenía firme y constante, permitiéndole subsistir al tiempo que él iba desarrollando ideas y técnicas con el objetivo puesto en hacer, algún día, aquella gran obra que lo cambiaría todo.

»Y he aquí que, un día, apareció una hermosa joven con una carta de su benefactor, en la que éste le decía que era una persona muy querida para él, diciéndole que ella sería fundamental en el desarrollo de su más elevado arte, y pidiéndole que la ayudara en cuanto pudiera precisar y le dispensara sus atenciones como si de él mismo se tratara.

»No pasaría mucho tiempo hasta que el artista se enamorara locamente de la hermosa mujer, correspondiéndole ella en su amor.

»Sin embargo, las misivas del mecenas súbitamente dejaron de llegar, y el artista comenzó a preocuparse en lo más profundo; no porque su benefactor pudiera dejar de lado su mecenazgo, cosa que nunca ocurrió, sino porque el artista sentía por él un profundo amor y un infinito agradecimiento, a pesar de no haberle visto jamás.

»Pasaron varios años, en los que los dos amantes profundizaron su íntimo vínculo y se asentaron en él, y en los que el artista llegó a pensar que su benefactor se había olvidado de él. Sí, todos los meses le llegaban las partidas de su mecenazgo, pero quizás ya no confiaba en él para realizar la gran obra con la que él aún soñaba. Quizás había encontrado a otro artista más joven y más capaz que él, y quizás no le había abandonado a su suerte por pura conmiseración.

»El artista no dejaba de preguntarse en su interior qué podía haber hecho mal para que su benefactor ya no quisiera saber de él.

»Sin embargo, su hermosa mujer no dejaba de insistirle en que aquellas ideas que le inquietaban eran absurdas, que su benefactor le amaba tanto como él a su benefactor, y que ella se había enamorado del artista desde antes de conocerle, sólo de escuchar lo que su mecenas decía de él. "¿Cómo puedes pensar que se ha olvidado de ti? –le decía ella–. ¿Acaso no mantiene su compromiso contigo y cubre cada mes nuestras necesidades? Si no te escribe será por algún motivo importante. Ten fe en él. Sé de lo que hablo. No dejes de tener fe en él".

»Y el artista, conocedor de la profunda sabiduría de su amada, hizo lo que ella le sugería, a pesar de la tristeza que aquella ausencia le procuraba.

»No obstante, al desaparecer su benefactor de su campo cordial, el artista centró todo su amor y devoción en su amada, y de aquellos sublimes sentimientos comenzaron a brotar de su pecho obras cada vez más perfectas, cada vez más cargadas de alma y de espíritu, obras que no dejaban a nadie impasible, que impactaban el corazón de todos los que las contemplaban.

»El Amor se hizo tan grande en su pecho que la mera contemplación de la belleza de su amada le transportaba hasta el reino de la Belleza, donde su alma se inspiraba hasta el éxtasis, y de donde regresaba con ideas y visiones nuevas, que plasmaba en sus obras con creciente destreza e ingenio.

»Al final, una mañana, alguien deslizó una carta de su benefactor por debajo de la puerta de su casa. El mecenas, que ya le trataba de "amigo", le decía que había sufrido más que él por la separación, pero que había sido necesaria para que él alcanzara las cotas de belleza que en su arte había alcanzado. Le dijo que había visto sus últimas obras y que sabía que, finalmente, estaba preparado para hacer su gran obra, aquella que transformaría el mundo, según había sido su deseo cuando era apenas un joven imberbe.

»Y le dijo que su amada había sido la clave de bóveda de la gran obra en ciernes, que, sin ella, sin su sabiduría, y sin el Amor que había arrebatado su alma, él jamás habría podido desarrollar su arte, y le dijo que le preguntara a ella el secreto que, a petición del benefactor y por el bien del artista, había guardado.

»Sorprendido por la revelación, el artista acudió presto a su amada para contarle lo sucedido y pedirle que le revelara el secreto. Fue entonces cuando ella le contó que su benefactor era su hermano gemelo, del que él nunca había oído hablar porque los separaron pocos días después de nacer. Le dijo que, en cuanto supo de su existencia y supo a lo que había consagrado su vida, contactó con él para ayudarle, dado que él había crecido con todas las gracias, atributos y dignidades del padre de ambos y podría cubrir las espaldas de su hermano para que pudiera entregarse al desarrollo y perfeccionamiento de su arte, arte que, a partir de aquel momento, le ayudaría a perfeccionar su hermano con todos los saberes y conocimientos a los que tenía acceso él en su elevada posición.

»Desde aquel día, el artista estuvo recibiendo cartas y más cartas de su hermano, donde éste le ofrecía indicaciones y medios precisos para hacer su obra, un trabajo que sería el fruto de la Belleza y el Amor, y que transformaría el mundo... sólo con que el mundo quisiera dejarse transformar...

Cuando el jardinero calló, todas las personas en la audiencia se quedaron observándolo con un atisbo de anhelo en los ojos, como esperando que terminara aquella extraña narración.

Finalmente, viendo que no proseguía, la gente se animó a preguntar:

—¿Y cómo termina la historia?

Esto lo dijo una mujer que tenía un lunar en la barbilla.

—No nos digas que nos vas a dejar a medias – preguntó un hombre de mediana edad, con gesto decepcionado.

—¿Y por qué el hermano seguía escribiéndole cartas cuando, una vez revelada su identidad, ya podían verse en persona? –preguntó una mujer que intervenía asiduamente en los encuentros con sus comentarios.

—Ja, ja, ja —se escuchó reír, divertido, al joven que lo había iniciado todo con su pregunta.

—¿Y a qué arte se dedicaba? —preguntó una mujer que hubiera querido ser artista—. ¿Era pintor, escultor, arquitecto..., músico?

—¿Es que esta historia no va a tener final? —preguntó la muchacha del cabello rojo arrugando la nariz y abriendo los ojos incrédula.

El jardinero, mientras tanto, no dejaba de reír, viendo la confusión que había generado con su relato. Finalmente, cuando los comentarios y las preguntas menguaron, el jardinero dijo:

—Esta historia terminará en vuestro corazón, y terminará como vosotros queráis que termine..., pues la gran obra del artista sólo tendrá efecto si vosotros sois capaces de valorarla y ver en ella la Belleza, esa Belleza que provocará la transmutación de vuestra alma, y con ella la del Alma del Mundo.

Aquella tarde, el jardinero terminó el encuentro explicando a la gente algunos de los significados de la historia que les había contado, hablando de ritos y mitos, de hombres y mujeres, de compromisos sagrados y seres angélicos, de la unión inextricable del cuerpo, el alma y el espíritu, del mundo y el Gran Misterio.

Con el crepúsculo, la gente se marchó a sus casas, no sin antes dejar el suelo del templete cubierto de pequeñas candelas.

Y las minúsculas hadas y los duendes acudieron allí entrada la noche, al percatarse del extraño resplandor que había en aquella zona del jardín.

El regreso del herrerillo

L legó la primavera, y con ella el herrerillo que un año atrás había estado visitando la cabaña del jardinero. El pajarillo apareció de pronto una mañana, saltando de ventana en ventana, piando con fuerza y fisgoneando el interior de la cabaña.

El jardinero supo que se trataba del mismo herrerillo que le había visitado en la primavera pasada, puesto que tenía una pequeña desviación en una de las plumas de la cola. Verle de nuevo le hizo sentir una gran alegría.

—¿Cómo te va la vida, querido amigo? —le dijo el jardinero en cuanto lo vio colgando boca abajo, aferrado a las grietas de la madera del marco de la ventana—. ¿Acaso te viste obligado a migrar este año, para que no te haya visto desde el verano pasado?

El gato blanco también vio al herrerillo, pero ahora ya no intentaba cazarlo. Tenía asumido ya que sus garras eran inútiles en su actual estado. No obstante, se subió al alfeizar de la ventana para observarlo mejor, y allí se sentó finalmente.

El herrerillo pio con fuerza varias veces para, a continuación, salir volando y venir a colgarse de otra de las ventanas, donde volvió a piar con estridencia.

Al jardinero le cambió el semblante y cerró los ojos.

Durante unos instantes estuvo así, inmóvil, recluido en su interior, hasta que finalmente abrió los párpados y volvió a mirar al pajarillo.

—Gracias —le dijo—. Dile a mi buen amigo el Espíritu del Viento que estaré preparado y esperando su llegada.

Y, acto seguido, el herrerillo partió y no volvió más aquella mañana.

El jardinero se volvió hacia el gato blanco, que le miraba tristemente desde sus cautivadores ojos azules.

—Tranquilo —le dijo el jardinero—. No te voy a dejar solo. Vendrás conmigo.

El animal saltó desde el alfeizar de la ventana a la gran mesa de roble central y fue a restregarse contra el brazo del jardinero.

—Tú vendrás conmigo —repitió el jardinero mientras, apesadumbrado, le acariciaba el lomo.

Sí, hay mariposas en el cielo

Desde el día que vio al gato blanco en brazos del jardinero, la joven de los ojos negros supo que, más pronto que tarde, terminaría encontrándose con él. Y fue en las inmediaciones del arroyo cantor, el lugar en el que le había conocido siendo una niña, donde aquel amigo de su infancia se le apareció súbitamente.

—¡Mi niña! —escuchó ella un susurro a su espalda, y conoció su voz.

Era aquel viejo médico que vino a pasar, muchos años atrás, sus últimos días en el jardín. Era el anciano a quien saltó la mariposa que ella traía posada en su mano, cuando le encontró en aquel mismo lugar una lejana mañana de primavera.

La joven de los ojos negros se volvió lentamente, mientras un escalofrío recorría su espalda, y se encontró al viejo médico rodeado de unas bellísimas mariposas evanescentes.

—Sí, hay mariposas en el cielo –dijo él, mirándola con una ternura infinita, respondiendo a la pregunta que él mismo le había hecho tantos años atrás.

La joven de los ojos negros se echó a llorar. Hubiera querido abrazarle, pero se contuvo. Sabía que sus brazos no hubieran podido abrazar nada.

—No llores, mi pequeña –le dijo el viejo médico en un susurro–. No he venido para hacerte sentir triste.

—No es tristeza –se apresuró a decir ella–. ¡Me hace tan feliz volver a verte!

El viejo médico sonrió dulcemente, ladeando la cabeza, mientras una mariposa grande de alas rojas se posaba sobre su hombro.

—Vengo a transmitirte un mensaje –dijo él sin más demora, como si no dispusiera de demasiado tiempo–. Alguien pensó que, sólo si te lo decía yo, comprenderías la importancia de mis palabras y aceptarías el reto.

La joven de los ojos negros no podía dejar de llorar. Era una mezcla de dicha y de tristeza, en medio de una profunda paz. Pero también lloraba porque intuía lo que el viejo médico había venido a decirle.

—Tienes que partir –dijo él al fin.

Y ella supo que sus días por los senderos del jardín, sus horas junto al Manantial de las Miradas, contemplando sus ojos en su inmutable espejo, peinando con sus dedos el trasparente manto del agua de la alberca, estaban tocando a su fin. E intuyó que quizás no volvería al jardín nunca más, y que no volvería a ver a su madre y a tanta gente querida. Y asumió, con la sensación de un abismo abriéndose en su corazón, que su vida emprendería un rumbo radicalmente distinto e insospechado. Sabía que ese nuevo sendero la llevaría a poner la parte que la Vida le había asignado a ella en el drama que se desarrollaría en un futuro lejano sobre la hermosa y nutricia Tierra que tanto amaba.

Durante un tiempo que ella no supo precisar con posterioridad, el viejo médico le estuvo explicando los pormenores de su misión y los detalles de la nueva vida que iba a emprender, y la joven de los ojos negros se inquietó al preguntarse si sería capaz de hacer lo que se esperaba de ella y se maravilló al comprender el significado de su trabajo y sus resultados.

Al cabo de sus explicaciones, el viejo médico le expresó su agradecimiento por todo cuanto ella, siendo una niña pequeña, le había aportado a él en sus últimos días de vida en el mundo sensible. Le señaló que, del mismo modo que él había llegado a aceptar su destino gracias a su mera presencia infantil, el mundo se alimentaría también de su presencia y de su profunda mirada para aceptar el difícil sendero de transformación por el que necesariamente habría de pasar.

—Y ahora debo partir —dijo finalmente el anciano médico con una sonrisa triste—, pero estaré siempre a tu lado a lo largo del sendero, para que me convoques toda vez que necesites mitigar tus dudas.

La joven de los ojos negros no había dejado de llorar desde que apareciera el viejo médico, pero hizo un esfuerzo por sonreír a aquel anciano que, lejos de olvidarla, había venido a transmitirle tan importante mensaje y a acompañarla en la gran aventura de su vida.

—Quedo feliz, sabiendo que, a partir de ahora, estarás cerca de mí —dijo ella intentando acariciar en vano su mejilla.

—Entonces, yo también soy feliz —dijo él.

Y, en medio de un súbito revoloteo de cientos de iridiscentes mariposas, el viejo médico se desvaneció en el aire sin dejar rastro alguno de su presencia. Y la joven de los ojos negros bajó la cabeza para intentar asimilar el torbellino de emociones que se agolpaban en su pecho: la dicha, la incertidumbre, la tristeza, la esperanza, la inquietud, un temor indefinido... y la profunda nostalgia de quien sabe que pronto dejará toda una vida atrás, con sus seres queridos y sus familiares paisajes.

Cuando emprendió el sendero que llevaba desde el arroyo cantor hacia el Manantial de las Miradas, la joven se acordó de las palabras de la dama silenciosa cuando, semanas atrás, le dijo que había visto a alguien que quería hablar con ella.

—¡Tú le habías visto! —exclamó en un murmullo para sí.

Empiezan a caer los velos

L a joven de los ojos negros fue en busca del jardinero hasta su cabaña. Aunque él no había dicho aún nada a nadie sobre su próxima partida, la joven estaba ya al tanto de todo tras su conversación con el viejo médico, de modo que acudió allí para decirle que le acompañaría en su nuevo viaje.

—Estaba esperando tu visita —contestó él.

—¿Conociste al viejo médico? ¿Has hablado tú también con él?

—No —dijo el jardinero, bajando la mirada para continuar con lo que estaba haciendo, barrer el suelo de la cabaña.

—¿Entonces?

—Tú fuiste uno de los motivos por los que regresé al jardín —dijo el jardinero en un murmullo, sin dejar de barrer.

La joven de los ojos negros le miró confusa, y pensó que alguien había decidido que aquel día quedara grabado en su memoria como el día de las sorpresas y el asombro.

—No me preguntes por qué, porque aún no lo sé —intentó explicarse el jardinero—. Sólo sé que tenía que recogerte aquí. Sea lo que sea que tengamos que hacer, lo tendremos que hacer juntos.

El jardinero dejó de barrer y miró gravemente a la joven.

—Entiendo tu desconcierto —dijo—. Pero, a estas alturas, ya sabes cómo va esto. No en vano decidí que llamar Gran

Misterio a Eso nos marca los senderos era la mejor manera de describirlo.

La joven de los ojos negros bajó la mirada y asintió gravemente con la cabeza.

Aquella misma tarde decidieron contar a la dama silenciosa y al joven jardinero la noticia de su próxima partida del jardín.

El antiguo aprendiz no pudo contener su llanto ante la inminencia de una segunda despedida de su maestro, y llegó a preguntarle a su esposa si estaría dispuesta a dejar con él el jardín y acompañar a su mentor y a la de los ojos negros en su viaje. Pero el jardinero le dijo que el trabajo y el papel de ambos estaba en el vergel, pues éste debía cumplir una misión muy importante en el proceso de transformación de la vida en la Tierra, y debía seguir vivo y floreciente para acoger y nutrir a plantas y árboles, a insectos, animales y aves, a hadas, duendes, gnomos y humanos.

—A todos cuantos nutran su alma en este jardín, con vosotros, los vamos a necesitar en los tiempos venideros –le dijo el jardinero intentando consolarlo–. Ya habrá tiempo y lugar donde reunirnos todos para no volver a separarnos.

Luego, a solas, el jardinero le dijo a su antiguo aprendiz:

—El otro día me hablaste de la experiencia que habías tenido, en la que te diste cuenta de que sólo había una única consciencia y que tú eres esa consciencia –le dijo poniéndole la mano en el pecho–. Ése es el día en que la bellota se da cuenta de que es un roble, de que todo su universo está contenido en su interior.

»Pero eso es sólo el principio del camino –prosiguió el viejo jardinero–, pues entonces le toca convertirse en roble, y eso es mucho más que un despertar espiritual. Es un proceso de transformación que lo involucra todo, cuerpo, alma y espíritu. Es un territorio sin caminos, donde sólo encontrarás imágenes y símbolos, que tendrás que desentrañar en tu imaginación. De ahí que sea un arte, cuya inspiración sólo te la puede dar el Gran Misterio. A partir de ahí, ni siquiera yo te podré ser de gran ayuda, pues cada caminante toma un rumbo distinto por un territorio ignoto, llevado de la mano por la Vida y el Misterio.

Y tomando entre sus manos el rostro de su antiguo aprendiz, el viejo jardinero añadió:

—Hay cosas que todavía no sabes, y que he sentido que deberás conocer cuando yo no esté aquí. A partir de ahí, poco a poco, irás comprendiendo.

Y el jardinero apoyó su frente en la frente de su antiguo aprendiz, y éste sintió cómo una paz indescriptible inundaba todo su ser.

Transmisión

¿Por qué querías verme? –dijo la muchacha del cabello rojo cuando asomó al claro del Manantial de las Miradas.

—Porque tengo algo importante que transmitirte –respondió la joven de los ojos negros con una sonrisa y una mirada tierna.

—¿Transmitirme? –preguntó la muchacha del cabello rojo arrugando la nariz–. No entiendo.

—Me voy –respondió escuetamente la otra, mientras se levantaba del murete de piedra de la alberca.

—¿Cómo que te vas?

—Quiero decir que, dentro de poco, ya no volveré por el jardín… De hecho, puede que no vuelva nunca más.

La muchacha del cabello rojo hizo un mohín de tristeza, pero no dijo nada. La noticia la había sumido en la confusión.

—Me voy y, antes de partir, tengo que pasarle a alguien una responsabilidad que asumí siendo niña: la de cuidar del jardín y todo lo que representa.

—Pero… de eso ya se ocupan los jardineros… –dijo extrañada la muchacha del cabello rojo.

—Sí, pero el jardín necesita de un alma femenina que lo cuide –repuso la otra.

—También se ocupa del jardín la esposa del joven jardinero...

—Necesita un alma femenina... que siga alimentando la inocencia de la infancia.

Se hizo el silencio entre ellas, mientras sus miradas se encontraban en algún lugar ignoto, más allá del manantial, del jardín, de la propia Tierra...

—Ven —dijo la de los ojos negros, mientras llevaba de la mano a la muchacha hasta la alberca.

Las dos jóvenes apoyaron sus manos sobre el murete de piedra y se asomaron al espejo de la superficie del manantial.

—Mira en el espejo —dijo la joven de los ojos negros—. ¿Qué ves?

—Veo nuestra imagen...

—Mira tus ojos... ¿Qué ves?

La muchacha del cabello rojo guardó silencio durante un buen rato, hasta que una lágrima asomó en sus párpados.

—¿Qué ves? —repitió la de los ojos negros al no obtener respuesta.

—Estoy... —balbuceó la muchacha—. Estoy viendo... No tiene nombre... ¿El Misterio?

La joven de los ojos negros asintió con la cabeza, de manera que la otra pudo verla de reojo en el reflejo del agua de la alberca.

—¿Y qué más ves en el espejo? —insistió la de los ojos negros con un murmullo dulce.

Silencio.

La joven de los ojos negros posó su mano sobre el dorso de la mano de la muchacha del cabello rojo.

Una tenue brisa removió el cabello de las dos mujeres, y una lágrima de la más joven cayó sobre la superficie del agua, extendiendo sus ondas hasta más allá de los límites de piedra del manantial, hasta los confines del universo.

—Lo veo todo… —dijo la muchacha al fin con voz trémula—. Veo todo…, el jardín y los jardineros…, y veo hadas y duendes, y mariposas, y un anciano que sonríe y no sé quién es… y la cabaña… y el estanque…, los peces… y los espíritus de los árboles…, el cielo, las nubes, el Sol y la Luna…

Guardó silencio por un instante, para añadir en un estallido de sollozos:

—¡Y el universo lleno de estrellas!

La joven de los ojos negros sonrió. El trabajo estaba hecho.

—¿Lo entiendes ya? —dijo.

La de los rojos cabellos asintió con la cabeza sin dejar de sollozar.

—Sólo tú podrás cuidar de todo esto —dijo la mayor, mientras sus negros ojos se cubrían también de lágrimas.

Y, entonces, la más joven despegó su mirada del reflejo de la alberca y se abrazó a la otra, para decirle al oído, entre sollozos.

—No te preocupes. Yo cuidaré de todos.

El secreto

La joven de los ojos negros llevaba varios días recorriendo la región para despedirse de sus paisajes y sus seres, y para decirles a todos que ahora sería otra la «niña» que cuidaría del alma de todos ellos.

Había dejado para el final la visita al bosque viejo, donde se encontraba el árbol más impresionante de toda la región, la Madre Haya, y donde había encontrado al viejo jardinero al cuarto día de su desaparición, tras la dura conversación que había mantenido con aquel hacendado colérico en el mesón.

Cuando la joven llegó ante el talud cubierto de raíces de la Gran Madre Haya, pidió permiso al árbol dentro de sí para introducirse en su campo vital. Una vez que sintió que era bienvenida, se descalzó, ató las correas de sus sandalias entre sí, se las colgó del cuello y trepó por entre los huecos de las raíces hasta la base del árbol. Y, tras abrazarse brevemente a su tronco, sintió que la madre de los árboles del bosque viejo le daba permiso para sumergirse en sus entrañas. Así pues, se introdujo en el hueco de su tronco y se acomodó en su vientre lo mejor que pudo, con la intención de penetrar en los mundos de la imaginación para conversar con ella y con todos sus hermanos del bosque.

Llevaba allí un buen rato, despidiéndose de tantos seres queridos, prometiéndoles su amor eterno con los ojos empañados en lágrimas, cuando, de repente, escuchó el crujido de una rama en el exterior. Se secó los párpados rápidamente con las mangas de su blusa y se asomó por uno de los huecos del tronco para intentar atisbar al causante de aquel sonido.

Era el viejo jardinero, pero no quiso desvelar su presencia por no incomodar su intimidad, pues pensó que él también había venido a despedirse de todos aquellos seres que habitaban en su corazón. Así pues, cerró los ojos de nuevo y continuó con su imaginal conversación con los habitantes del bosque viejo.

Y así pasó otro lapso de tiempo, indefinido, como suele ocurrir cuando una se sumerge en las profundidades de esos mundos.

Pero, de pronto, le pareció escuchar la voz del jardinero en el exterior, de modo que, asomándose de nuevo al hueco en el tronco de la Madre Haya, intentó averiguar con quién hablaba.

Se llevó una sorpresa cuando vio al jardinero contemplando a una mariposa que se había posado en su mano, una mariposa grande, de alas negras como el terciopelo de la noche, en las que contrastaban unos bellos diseños de un color verde intenso.

La de los ojos negros aguzó el oído, y escuchó al jardinero decir:

—… conozco tu secreto. Yo también fui una oruga atada a la tierra…, pero me transformé, como tú, y ahora vuelo.

De repente, una poderosa realización inundó la mente y el corazón de la joven, que, echándose hacia atrás dentro del árbol, sintió que sellaba definitivamente su destino con el destino del viejo jardinero.

Pocos instantes después, escuchó la leve rozadura de las ropas del jardinero en el exterior y, asomándose al hueco del tronco una vez más, vio cómo éste se calzaba de nuevo, tomaba su talega y emprendía de nuevo el sendero que salía del bosque.

Mientras le veía alejarse, la joven de los ojos negros musitó en un susurro:

—Yo también conozco tu secreto.

Sin estrellas

Fue un día en que los silfos agitaban frenéticos las ramas de los árboles y los duendes más pequeños hacían rodar las hojas secas por el suelo, cuando el jardinero fue a despedirse del lago en el que, tantos años atrás, sembrara las semillas de nuevos bosques. Y pensó que el mejor lugar para entregarse a su contemplación por última vez sería el risco donde se encontraba el pino del despeñadero.

Tras ascender al acantilado, dejó su talega al resguardo del viento tras una roca, se sentó junto al tronco del árbol y se abrazó a él. Bajo su hombro izquierdo podía ver el fondo del abismo pétreo; mientras, delante de él, las aguas del lago se dilataban serenas ante su visión. A su izquierda veía elevarse los farallones rocosos del cañón, en tanto que, a su derecha, la pequeña isla poblada de pinos yacía plácida sobre las aguas. El paisaje se enmarcaba al fondo con la mole guardiana de la gran montaña, que custodiaba toda la región desde las alturas.

Con los ojos cerrados al amor del árbol, con el cabello azotado por el viento y el alma hendida por la tristeza, el jardinero se sumió en algo parecido a un sueño.

Imágenes fugaces cruzaron una y otra vez el escenario de su mente como en una procesión carnavalesca, hasta que, súbitamente, una imagen extraña y nítida ocupó todo el espacio de su mirada interior. Supo que era de noche, pero era una noche distinta en un mundo distinto. Desde la altura, vio que se hallaba en una extraña ciudad de altísimos edificios y calles infinitas, como trazadas en cuadrículas, sin vestigios de improvisación e imperfección humanas; calles áridas y grises, sin árboles, sin vida.

Cuando descendió, vio que las pocas gentes que transitaban por las aceras parecían tristes; más que tristes, semejaban huecas, con un vacío profundo que no parecían ser capaces de llenar, a pesar de su apariencia y sus atuendos, pintorescos y extraños. Le llamó la atención que no se saludaran entre ellas al cruzarse. Aquellas personas parecían vivir ausentes unas de otras, ausentes en su mirada, perdida en el suelo, ausentes del cielo que las cubría...

El cielo...

En ese momento se percató de algo que le aterró. ¡No había cielo! ¿Dónde estaban las estrellas? ¡No podía verlas! Más allá de la amarilla y espuria luz que iluminaba las calles, sólo existía un cielo negro y espeso. ¿Cómo podía vivir allí la gente sin ver las estrellas? No en vano, se los veía tristes y huecos, pensó el jardinero.

Y entonces supo, sin saber cómo, que estaba viendo la Tierra en el futuro... «o en otro tipo de presente», le llegó de pronto esta idea a la mente, con una certidumbre polar; quizás en un universo sin pasados ni futuros, sino sólo presentes...: presentes alternativos..., presentes posibles..., probables..., no todos deseables...

—¡Qué desgracia no ver las estrellas! –logró balbucear, sobrecogido, en su visión.

Le resultaba tan extraño, tan perturbador, que su alma se encogió en su pecho.

—¿Cómo pueden vivir sin ver las estrellas? —consiguió articular de nuevo sus pensamientos en un murmullo que parecía un gemido.

Y comprendió… y vio más allá de lo que había visto en el Concilio de Todos los Seres. Entendió con un resplandor fugaz en su mente que, en un universo constituido por imágenes, símbolos y significados, no ver las estrellas había tenido unas consecuencias insospechadas.

—No tenían la guía orientadora de las estrellas… y perdieron el rumbo de su alma —dijo con un hilo de voz.

«Perdieron de vista las estrellas… y se condenaron a una vida de mazmorras», escuchó entonces una voz en su corazón.

El jardinero se echó a llorar por aquellas gentes del futuro, o de un presente paralelo —qué más da—, que, inconscientemente, habían enterrado el sentido de la maravilla en su vida.

Y comprendió que, sin estrellas para conmoverse ante la inmensidad del universo, sus mentes se encogieron hasta no ver más mundos que sus pequeños y grises mundos, que su minúscula y mezquina realidad material.

«¿Cómo habrían podido encontrar sentido a sus existencias con un panorama tan desolador y estrecho en lo más profundo de sus almas? —se preguntaba en su interior—. ¿Cómo no llegar así a la conclusión de que la vida no merece un suspiro, con toda la corte de pesadumbre y negrura que la desaparición del sentido de maravilla trae consigo?».

—¡Oh, Vida! ¡Gran Misterio! ¿Por qué me muestras esto? —levantó su voz al cielo ante la visión ofrecida—. Sin estrellas, como símbolo de esperanza, de orientación en la noche más oscura, sabes que millones de seres humanos deambularán sin rumbo en las noches de sus corazones, y navegarán a la deriva tras el crepúsculo de las certidumbres, en el océano nocturno de las creencias legítimamente desbordadas.

»Sin estrellas con las que extasiar su alma en la noche, los humanos dejarán de levantar sus ojos hacia el cielo, de atreverse a soñar, y cejarán en el empeño por elevar sus pensamientos y emociones.

»¿Acaso no podríamos evitar esto? –dijo suplicante, elevando su rostro hacia el cielo–. ¿Es por ello por lo que me muestras estas imágenes?

Y, bajando la cabeza, pareció reflexionar para sí en un murmullo:

—Sin estrellas se sentirán cada vez más solos, más abandonados y olvidados en un rincón minúsculo del universo, más a merced de los vientos terribles de la historia… sin sospechar siquiera que quizás…, tan solo quizás…, en las estrellas, o más allá de ellas, pudiera existir una mirada compasiva, contemplándolos, con una lágrima trémula cerniéndose sobre las profundas simas de las eras.

Un profundo suspiro surgió inesperadamente de sus labios, y el viento azotó aún con más fuerza sus cabellos, haciendo remecerse al pino al cual se aferraba y que le sostenía amorosamente en su lamento.

—Y se convirtieron en una especie maldita –dijo esta vez con voz fuerte, como un profeta, desde algún lugar ignoto del tiempo–, maldita para la comunidad de la vida sobre la Tierra, y maldita para sí misma, al negarse la posibilidad de lanzar la mirada más lejos de cualquier horizonte, más lejos de lo que cualquier ojo puede aspirar a mirar, a las profundidades del universo y el tiempo, y a nuestro origen primigenio en las estrellas.

Y, luego, bajando la voz, dijo en un susurro, ensimismado:

—Y, si no puedes atisbar siquiera el nido de donde procedes, el lugar de tu origen, ¿cómo vas a saber de dónde vienes y adónde vas?

Y, en aquel momento, el jardinero sintió un profundo dolor en el pecho, y levantando su rostro al cielo rompió en sollozos por las gentes de aquel futuro-presente, y sintió en su alma todo el dolor, toda la pena, toda la desesperación y toda la amargura y la soledad a la que los había condenado la ausencia de estrellas, sabiendo que la humanidad perdería completamente el norte, y con él el sentido de su propia existencia.

Así estuvo todavía durante un tiempo más, zarandeado por los vientos del risco, de su alma y de la historia, hasta que el llanto le abandonó y el jardinero encontró el lugar de su alma en aquella extraña epopeya de todos los seres sobre la Tierra, en la epopeya de la Madre Tierra.

Y, desde ese lugar de paz, abrió los ojos para llenarlos con la luz del atardecer, para llenarlos de lago, montañas y bosques. Y, con una voz que no le pareció suya, preguntó dulcemente:

—¿En qué presente queremos vivir?

El último encuentro

legó la tarde del primer día de la semana y el jardinero
supo que aquél iba a ser su último encuentro con las
gentes que habían estado escuchando sus palabras cada primer día de la semana en el jardín.

Sabiendo en su interior que su amigo el Espíritu del Viento vendría en su busca en el plazo de muy pocas jornadas, el
jardinero anunció su inminente partida a aquellas gentes bus-
cadoras. Éstas lamentaron de corazón la noticia, a tal punto
que algunas de las mujeres, pero también un hombre, por
demás grande y silencioso, tuvieron que enjugarse los ojos.

En el silencio que siguió al anuncio, el jardinero volvió la
espalda al grupo para ocultar su congoja, mientras una suave
brisa, procedente del lejano mar, remecía sus blancos cabellos
al trasluz del Sol del atardecer.

Debía partir de nuevo en una vida que se le antojaba llena de despedidas, teniendo que separarse una y otra vez de
personas entrañablemente queridas a las que, él lo sabía bien,
no volvería a ver jamás. Así había sido siempre, así había sido
la vez anterior en que partió del jardín, y tantas veces como
en su largo viaje había tenido que iniciar un nuevo itinerario,
dejando atrás a las gentes que le habían ofrecido su hospitalidad y con las que había llegado a convivir en estrecha

hermandad. Sólo en su corazón quedaría al fin el aroma y la frescura de sus almas... de todas ellas.

—No dejéis de contemplar el Sol en los atardeceres y de extasiaros con las estrellas llegada la noche –les dijo mientras aún les daba la espalda–, no sea que perdáis el sentido de la maravilla y, con ello, os extraviéis en una vida sórdida y sombría.

Y, volviéndose hacia ellos, añadió:

—Si no miráis los cielos, ¿cómo sabrán vuestros pies, en la tierra, que su duro cometido tiene un portentoso motivo?

Nadie respondió. Sus palabras parecían enigmáticas.

—No hagáis como los gobernantes y los mercaderes –continuó, bajando la mirada reflexivamente–, que, de sólo mirar a la tierra, pierden el sentido de la existencia y arrastran a los demás a su propia pesadilla. Más bien, haced como los poetas y los músicos, que, elevando su mirada a los cielos, hacen descender sobre el mundo la armonía de las esferas.

El jardinero levantó la mirada y los contempló con ternura, esbozando una sonrisa. Pensó y sintió que hubiera dado su alma por verlos dichosos y satisfechos; pero eso, lo sabía bien, era algo que cada uno, cada una, tendría que conquistar en su interior, personalmente.

—Arrobaos con la visión de los cielos para no perder de vista vuestra propia pequeñez –les dijo–, y luego buscad el reflejo de esa Belleza en sus infinitas y variadas formas aquí en la Tierra: en los patrones que dibujan las ramas de los árboles a medida que elevan sus brazos hacia el cielo; en las perfectas y sinuosas ondas del agua en el estanque; en la lánguida caída de una hoja iluminada por el Sol de un atardecer otoñal; en el humilde silencio de las briznas de hierba que se pliegan bajo vuestro cuerpo sin lamentos; en la tersura y la suavidad de la piel amada, que os eleva hasta los cielos en el éxtasis del poder creador…

»Y, cuando hayáis visto y sentido todo eso con estos ojos y estos dedos de carne –prosiguió con aquella mirada que no era suya–, empezaréis a ver y a sentir, mucho más allá de todo eso, con los ojos de la imaginación y los dedos del espíritu, y descubriréis con asombro la abrumadora trama de las raíces de la Vida, que unen entre sí a todos los seres en existencia… y a todo cuanto no ha adoptado aún forma alguna, ni aquí ni en el mundo de las visiones, a todo cuanto fue, es y será. Entonces comprenderéis que en verdad no tenéis existencia alguna a la que poder apartar del resto del universo para llamarla "yo", pues lo que siempre considerasteis un yo nunca fue otra cosa que el punto de encuentro de miríadas de raíces procedentes de todos los confines del universo.

El jardinero hizo una breve pausa mientras cerraba los ojos, sintiendo encogerse todo su ser calladamente en su corazón, para a continuación añadir con voz grave:

—Entonces comprenderéis que el sentido y misión de vuestra vida no consistía en otra cosa que en *cuidar*.

Silencio.

—¿Qué quieres decir con eso de cuidar? –preguntó entonces una mujer mayor de hermosos ojos azules.

—Cuando comprendes que lo que tú llamas «yo» no es otra cosa que el punto de encuentro de una infinidad de raíces procedentes de las seis direcciones del universo –respondió el jardinero–, entonces comprendes que tu mayor bien consiste en cuidar de todas tus relaciones, no sólo de las más cercanas y conocidas, sino también de las más lejanas e ignotas, tanto en el espacio como en el tiempo.

»Deberás cuidar de las personas que amas, pero también de las que no amas o ni siquiera conoces, pues todas contribuyen a tu bienestar con su mera presencia en el mundo. Deberás cuidar de los árboles y las plantas, que atemperan tus días y te traen la lluvia; de los animales, las aves y los insectos, que son tus hermanos en la Vida y te prestan valiosos servicios; de las aguas, de la tierra y de los vientos, sin los cuales no podrías siquiera existir; incluso deberás cuidar y respetar al fuego, no arrojando en su regazo nada que pueda alterar su pureza y perfección. Y deberás cuidar a los hijos del fuego y el éter, a los espíritus y seres inmateriales con los que te vinculas en la imaginación y en los sueños, pues ellos alimentan tu alma y te ofrecen valiosas pistas para orientar tus pasos en el mundo.

»Sin embargo, deberás cuidar también de ti misma –continuó el jardinero tras una breve pausa–, de ese entreverado de raíces procedentes de todo el cosmos que piensa y siente en ti. Pues de ese nudo de conexiones que llamas "yo" depende el bienestar de hasta los más ignorados seres que habitan en el otro extremo del universo, en la medida en que tu mera existencia tiene una influencia decisiva en sus vidas, aunque nunca llegues a tomar conciencia de ello.

Entonces alzó la voz una vieja amiga del jardinero, que había llegado al jardín muchos años atrás, cuando aún era una adolescente.

—¿Y la relación con lo divino, con el Misterio, como lo llamas tú? ¿También hay que cuidar de esa relación?

—Más que de ninguna otra –respondió el jardinero–, pues es el entreverado de donde todas las raíces del universo parten, que conecta todo cuanto es y tiene forma, pero también cuanto no ha adoptado aún forma alguna.

Y, mirando en silencio de uno en uno a los ojos de todos los congregados, añadió:

—Tendrás que cuidar del Gran Misterio porque él tiene tanta necesidad de ti como tú de él.

Ante aquella afirmación, hubo gente que abrió los ojos con sorpresa, hubo quien frunció el ceño confuso y hubo quien manifestó su desconcierto con un murmullo.

—No sólo eso —prosiguió el jardinero—. Cuando habléis con el Misterio, no busquéis qué puede hacer él por vosotros. Más bien, decidle, «¿Qué puedo hacer yo por ti?». Porque él tiene más necesidad de sus criaturas que sus criaturas de él, por incomprensible que resulte esto para vuestro entendimiento. —Y añadió para hacerles comprender—: ¿Acaso no veis el dolor y la desdicha que nos rodea allá donde miremos? Ése es su propio dolor y su desdicha.

—Entonces, ¿qué es lo mejor que podríamos hacer para seguir un camino de perfección en la vida? —preguntó una mujer que siempre acudía con su marido a los encuentros.

—Lo mejor que podríais hacer es renunciar a vuestra propia voluntad para poneros al servicio del Gran Misterio en su sabiduría —respondió el jardinero—. ¿Qué mejor manera de cuidar de ese abrumador entramado de raíces que lo unen todo con todo que poniéndote al servicio del nudo central, donde se conecta la totalidad de lo que existe y lo que aún no ha tenido ocasión de existir?

—¿Y cómo se hace eso? —preguntó una mujer desde el fondo, desde los pies de un ciprés.

—No hay cómo —fue la respuesta—. Simplemente, conságrate: esto es, *haz sagrada* tu vida.

—Pero, si no hay cómo, ¿cómo saber si estás haciendo sagrada tu vida? –preguntaron casi al unísono dos jóvenes hermanas, justo delante del jardinero.

—Declárate al servicio del universo y de todos sus seres. Camina sobre la tierra como si todo fuera sagrado. Vive como si todo, incluido tú, fuera sagrado... Y tus palabras serán sagradas y crearán vida.

»El cuidado de todas nuestras relaciones alcanza su perfección cuando tomamos por sagrado todo aquello con lo que nos relacionamos, pues absolutamente en todo se halla la semilla divina primigenia –añadió finalmente.

La tarde fue cayendo entre preguntas y silencios, miradas, sonrisas y lamentos. Y cuando el Sol se puso y el cielo se cubrió de velos dorados y anaranjados, un hombre de espeso bigote negro y ojos soñadores preguntó:

—Amigo mío, ¿existe alguna posibilidad de alcanzar la dicha en este mundo?

El jardinero bajó la cabeza, como reflexionando.

—¿Qué es la dicha? –preguntó al fin mirando al grupo, para añadir a continuación–: ¿Acaso perduraría el sentimiento dichoso si la dicha fuera imperecedera?

Nadie dijo nada.

No hallando respuesta, ni siquiera en su propio corazón, el jardinero habló así:

—Dichosos seréis cuando luchéis por ser íntegros e impecables, aun a sabiendas de que no vais a poder libraros de todas vuestras imperfecciones e incoherencias, que servirán con todo a vuestras almas otorgándoos la virtud de la humildad.

»Dichoso es aquel que no aspira al reconocimiento de sus contemporáneos y vive en la paz de los justos, sabiendo que hará lo que tenga que hacer en la vida, según los dictados de su propio corazón y no por temor al juicio de los demás.

»Dichosa la que consagra su existencia a una búsqueda y un empeño sagrado —continuó, mirando a la joven extranjera del cabello dorado—, olvidándose de su propia dicha y entregándose al servicio del Gran Misterio en la infinidad de sus nombres, a través de cada uno de los seres que pueblan el mundo.

»Dichosos seréis cuando trabajéis y os sacrifiquéis por los más pequeños de vuestros hermanos, por los más vulnerables, los que más sufren, los que soportan sobre sus hombros el destino de la raza humana, pues ellos os pondrán sobre sus hombros para levantaros hasta las más altas cimas del espíritu.

»Vuestra vida será buena y dichosa cuando alejéis de vuestro lado los temores del futuro, sabiendo que el Misterio provee según vuestras necesidades. ¡Qué menos podéis esperar de él si estáis aliviando su dolor!

»Dichosos seréis cuando tengáis un pie en cada mundo, cuando vuestros ojos en el espíritu os permitan ver la abrumadora Belleza que se oculta tras las apariencias del mundo sensible. Entonces, nadaréis extasiados y absortos en océanos de dicha, sabiendo que esa nueva capacidad no os podrá ser arrebatada por azar ni destino alguno.

»Y, al cabo, sabréis que vuestra existencia ha sido dichosa y perfecta cuando, llegado el último de vuestros días, tengáis la certeza de haber hecho de vuestra vida *una obra de arte,* cuando os invada la certidumbre de haber colmado de Belleza vuestros días con vuestros actos y actitudes, vuestros planes, empeños y pensamientos, vuestros sueños e imaginaciones; cuando cerréis el círculo de vuestros recuerdos con los relatos con los que os contabais vuestra existencia en una única y bellísima narración: la historia de vuestra vida. Ella os acompañará por siempre como una diadema de victoria, por haber superado *con Belleza* las dificultades y las sombras de toda existencia terrenal.

Cuando el jardinero concluyó su discurso, se percató de que, muy cerca de él, con los codos apoyados en las rodillas, la joven de los ojos negros lloraba calladamente, oculto el rostro entre sus manos.

El jardinero se acercó y posó suavemente sus manos sobre la cabeza de ella, mientras los que estaban a su alrededor, advirtiendo entonces su llanto, posaban también sus manos sobre sus hombros y sobre su espalda para consolarla.

Tras unos emotivos y silenciosos instantes, la de los ojos negros sacó su hermosa faz de entre las manos y dijo:

—No os preocupéis por mí, pues no lloro de tristeza, ni porque en breve vaya a partir de estas tierras con quien hoy se ha despedido de vosotros.

Esto dijo para sorpresa de la mayoría, que aún no sabían que ella iba a acompañar al jardinero en su viaje.

—Lloro de dicha –continuó la joven mientras se enjugaba las lágrimas–, porque el espejo del Manantial de las Miradas ha cobrado vida y se hallará a partir de hoy ante mis ojos… para convertir mi existencia en una obra de arte.

Nadie entendió sus palabras, salvo el jardinero, que inclinó la cabeza ante ella en señal de reconocimiento.

Historias

Y cuando se quedó a solas con los más cercanos, en la penumbra del templete de los atardeceres, el jardinero dijo:

—Convendrá preparar los lechos de las rosaledas y comenzar a sembrar las praderas de flores silvestres cuanto antes, cuando los vientos de la historia todavía no soplan con fuerza más allá de los asuntos humanos.

—¿Estás hablando del «jardín» de la humanidad, maestro? —preguntó el joven jardinero.

El jardinero asintió con los hombros cargados, la cabeza colgando, en silencio.

—Llegará un día en que la mayor parte del género humano dejará de ver las estrellas —continuó—, y el hombre terminará por perder el rumbo de su destino. En ese día, nuestros hermanos en la comunidad de vida sobre la Tierra sufrirán, y la propia Madre Tierra se verá sometida a agitaciones y sacudidas. Ése será el inicio de la transformación que, de no resolverse bien, traerá un caos milenario sobre todos los seres; pero que, si hacemos bien nuestra labor, mudará a la Madre Tierra en un ser tan portentoso que ni siquiera podríamos ahora imaginar.

Algunos de los presentes, los que habían estado en el Concilio de Todos los Seres, comprendieron que el jardinero había «visto» algo más de lo contemplado en aquella ocasión.

—He visto a millones de personas valerosas haciendo la guerra a la insensatez colectiva, sin armas, con las manos desnudas, esgrimiendo únicamente su voluntad indomable –dijo a continuación–. Pero los ciclos de la historia son largos, y habrá que comenzar ya a preparar los terrenos para la siembra.

—¿Qué terrenos son ésos, maestro? –preguntó de nuevo el antiguo aprendiz.

—Las orillas del océano –respondió enigmáticamente el jardinero con los ojos cerrados–. He visto a cientos de miles de personas sembrando el lecho marino con la marea baja. Sembraban historias.

—¿Historias? –exclamó extrañada la muchacha del cabello rojo.

—El futuro se siembra con las historias del pasado –dijo el jardinero mirando a la silueta de la muchacha en la oscuridad.

—¿Qué clase de historias? –preguntó la dama silenciosa en voz baja.

—Historias que hablen de la unidad fundamental del mundo, del entramado de raíces invisibles que lo vinculan todo, que lo hermanan todo y que señalan al género humano su papel de cuidador y custodio del jardín.

El jardinero vio asentir en la penumbra las sombras de las cabezas de sus amigas y amigos.

—Pero, más allá incluso de esas historias del pasado –continuó el jardinero–, necesitaremos también historias del futuro, leyendas que permitan vislumbrar, a esas gentes de un mundo que se sume en el caos ante sus ojos, que existe un futuro alternativo. Tendremos que sembrar ya las leyendas de esas personas valerosas que, con su indomable voluntad, se enfrentaron a la insensatez colectiva y permitieron que la Madre Tierra mudara finalmente en el prodigio.

»Estas historias alimentarán la imaginación creadora de las personas que darán inicio a la transformación, las llevarán a ver con los dos ojos y a posar sus pies en los dos mundos. Así, convirtiéndose en puentes entre ambos mundos, harán que encarnen a través de ellos los dioses de las antiguas visiones, para ejercer su poderosísima acción en medio de las ciudades y los campos.

»Serán personas normales y corrientes —añadió en un susurro, como en un ensueño—, pero estarán investidas del poder de voluntad e imaginación de los mundos superiores. Con pocos de ellos que logren construir ese puente entre el abismo de los mundos, la transformación de la Vida y la Tierra será una realidad.

Cayó el silencio una vez más bajo el techo del templete de los atardeceres, y nadie se atrevió a violentar la quietud del momento, sabiendo que lo que allí estaba sucediendo en aquel mismo instante se estaba proyectando hacia el futuro y afectando ya a miles de millones de seres humanos y a todo tipo de seres sobre la Tierra.

—El mundo se creó con palabras artísticamente engarzadas en historias —dijo el jardinero rompiendo el silencio—. El mundo se transformará con palabras de la más sublime Belleza entretejidas en heroicas historias.

»Y todos vosotros estaréis allí cuando llegue el momento —añadió el jardinero casi en un suspiro, mientras una irresistible certeza se apoderaba del corazón de todos los presentes para hacerles ver la verdad de aquellas palabras.

Más allá

Cuando partieron todos del templete de los atardeceres, en medio de la noche, la joven de los ojos negros y la dama silenciosa se fueron rezagando en su conversación hasta quedarse solas. Se dieron cuenta de ello cuando llegaron al gran roble de la fuente, el mismo lugar en el que habían mantenido su primera conversación un año atrás.

—La primera vez que hablamos, en este mismo sitio –dijo la dama silenciosa con una sonrisa–, me dijiste que eras una consumada viajera...

—Sí, pero del mundo de la imaginación –se apresuró a responder entre risas la de los negros ojos.

—Pues me temo que ahora vas a ser también una consumada viajera del mundo exterior –dijo la otra tomándola de la mano.

—Sí, eso parece –dijo la joven dejando de reír, reflexiva.

—Lo que entonces no te confesé, por no influir en decisiones que veía que algún día tendrías que tomar, fue que, cuando te dije que ibas a tener una vida hermosa y excitante, te vi en lugares muy lejanos, rodeada de gentes de extraños semblantes y llamativos atuendos.

—Ni se me ocurrió pensarlo en aquel momento.

—¿Y recuerdas cuando te dije que tendrías que realizar un largo aprendizaje? –dijo la dama sin mediar más palabras–.

Entonces yo ya sabía que te irías de aquí con el que había sido el maestro de mi marido.

—¡Es increíble! –exclamó la de los ojos negros.

—Me lo confirmó tu amigo el viejo médico, cuando hablé con él –explicó la otra.

—Pareciera que todo estaba escrito, ¿no?

—Sí, estaba escrito en tu alma.

Las dos mujeres guardaron silencio por unos instantes, apretándose las manos, sobrecogidas ante el misterio de la Vida.

—¿Cómo ha reaccionado tu madre cuando le dijiste que te vas con el jardinero? –preguntó al fin la dama silenciosa.

—Me duele decir que no recibió bien la noticia –dijo la joven de los ojos negros–, pero era lo que cabía esperar. Ella no puede entender que una llamada del espíritu te lleve a trastocar toda tu vida. No podrá entenderlo en tanto no sienta una llamada así.

»Sólo espero que me perdone algún día y que termine teniendo un buen recuerdo de su hija. Ella me trajo al mundo, pero yo nunca pertenecí ni a ella ni al mundo.

La dama silenciosa asintió con la cabeza.

—Ella había soñado con que te casarías con un buen hombre y que le darías nietos –dijo la dama–. No debe ser fácil renunciar a los propios sueños, por mucho que deposites esos sueños sobre los hombros de otra persona.

Se miraron a los ojos a pesar de la oscuridad, sabiendo que, cuando la joven partiera en unos pocos días, no volverían a verse en este mundo.

—Si no nos volvemos a ver en esta vida –dijo la dama intentando no añadir más dramatismo al momento–, no dudes que nos reencontraremos más adelante…, cuando comience el proceso por el cual nos alistaron en el Concilio de Todos los Seres.

Tras un breve silencio de reflexión, la joven de los ojos negros preguntó:

—¿Acaso crees que el alma puede renacer en otro cuerpo?

—No lo sé –respondió simplemente la otra–. Sólo sé que más allá, más allá de eso que todos llaman muerte, la existencia continúa. No sé qué pasará después, pero sé…, tengo la absoluta certeza… de que nos volveremos a encontrar más allá de este tiempo.

La joven de los ojos negros asintió con la cabeza mientras sentía que la congoja rebosaba en su corazón. Y en un silencioso y tierno impulso, ambas mujeres se fundieron en un abrazo.

Demasiadas despedidas

Al día siguiente llegó el Espíritu del Viento, cuando el jardinero se hallaba reposando en la puerta de su cabaña, con el gato blanco sobre su regazo. Y supo que venía a anunciarle la inminente partida.

—Paz a ti, jardinero —dijo el impresionante ser azulado.

—Paz a ti, mi querido amigo —respondió el jardinero—. ¿Dentro de tres días, como la otra vez?

—Sí, mi amigo —respondió el otro con la tristeza grabada en sus rasgados ojos—. Y, como la otra vez, os enviaré la brisa fresca del norte para que os alivie en vuestros primeros pasos.

El jardinero asintió con la cabeza, gravemente.

—¿Sabes? La vida se me hace larga con tantas despedidas, con tantos lazos sueltos colgando de mi corazón —dijo el jardinero, apesadumbrado—. Y esta vez ya sé que no volveré por aquí; no, al menos, en esta generación.

El Espíritu del Viento no dijo nada. ¿Qué podía decirle que aliviara su tristeza? Se sentó a su lado y estuvieron conversando durante buena parte de la mañana acerca del tiempo en los próximos días, de la ropa que convendría llevaran para los climas de las tierras por las que discurrirían y demás providencias a tener en cuenta a la hora de llenar las alforjas y el talego.

Al cabo, el Espíritu del Viento se puso en pie y esbozó una hermosa sonrisa como despedida, para elevarse en el cielo a continuación y desaparecer en un torbellino de hojas secas.

Y el jardinero no quiso dilatar más el tiempo por no sumirse en la tristeza de sus pensamientos, y acudió de inmediato a avisar a su antiguo aprendiz, a la dama silenciosa y, cómo no, a la joven de los ojos negros. Al menos, en esta ocasión, no se iría solo.

Durante aquellos tres días, el jardinero y la de los ojos negros anduvieron por el jardín y por el pueblo, cada cual a su antojo, despidiéndose de árboles y fuentes, de humanos y duendes, de hadas, animales, rocas y pájaros. Y, al caer la tarde, cada uno preparaba en su casa las vestimentas y pertrechos a llevar, para encontrarse con el ocaso en el templete de los atardeceres, al aroma de los jazmines, con el fin de hablar y trazar planes sobre el viaje que iban a emprender.

Finalmente, el quinto día de la semana, con la llegada de la brisa fresca del norte, dieron en encontrarse los cuatro, con el gato blanco en la talega del jardinero, junto al Manantial de las Miradas. La de los ojos negros, con la mirada enrojecida por el llanto tras despedirse de su madre, ya estaba allí cuando llegaron los demás, mirando hechizada sus ojos por última vez en el espejo de la alberca. Todos guardaron silencio respetuosamente hasta que ella misma salió de su ensimismamiento y se unió al grupo calladamente.

No hubo muchas más palabras, pues se lo habían dicho todo ya en los últimos días. No obstante, el jardinero echó mano de su talega para extraer un voluminoso objeto.

—Toma –le dijo a su antiguo aprendiz, entregándole su vieja olla de barro cocido–. Me ha hecho saber que quiere quedarse contigo.

Una ligera sacudida de risa removió el corpachón del joven jardinero, mientras alargaba los brazos meneando la cabeza para tomar el presente.

—La honraré preparando buenos cocidos con ella –dijo.

—Pregúntale primero si quiere volver al fuego –le espetó el jardinero con una sonrisa pícara.

Y, tras abrazarse a la pareja que quedaría cuidando del jardín, el jardinero y la joven de los ojos negros tomaron sus fardos y emprendieron su camino, mientras los silfos boreales esparcían sobre ellos una lluvia de pétalos de cerezo a modo de bendición.

Ambos dieron en volver la vista atrás para dar su último adiós a sus amados amigos, y, en ese momento, la niña de los árboles apareció corriendo en mitad del claro del Manantial de las Miradas. Viéndolos alejarse, los saludó con la mano, y el jardinero, mientras respondía al saludo, pensó en volver atrás para despedirse de ella…, pero algo le contuvo. Tenía una vida muy larga por delante, y muchas serían las despedidas que le romperían el corazón. ¿Para qué añadirle una más?

Cuando los dos volvieron a mirar al frente, al camino escoltado por campos cubiertos de amapolas, la de los ojos negros dijo:

—Esa niña recibirá el testigo que le he dejado a la muchacha del cabello rojo.

—Lo sé –respondió el jardinero, mientras acariciaba la cabeza del gato blanco en su talega–. La Diosa es previsora con la estirpe de aquellas que la encarnan en este mundo.

Los viajeros

En los primeros días del verano, cuando los lirios blancos eran sólo un recuerdo lejano de primavera y los lirios rojos florecían insolentes gritando al mundo su pasión, un pequeño grupo de personas llegó al jardín por la puerta cercana a la cabaña.

Al oír sus pasos, el joven jardinero, que a la sazón estaba adecentando el hogar ya deshabitado de su maestro, se asomó por ver si necesitaban algo. Dos mujeres y tres hombres, uno de ellos bastante joven, venían hacia él con el semblante cansado y el atuendo polvoriento de los viajeros.

—¿No me conoces? —le dijo uno de ellos, un hombre de cabello largo y poblada barba, robusto como él.

El joven jardinero le miró confuso hasta que, súbitamente, abrió los ojos en reconocimiento y, con gran alborozo, se echó en brazos del recién llegado.

—¡Mi querido amigo! —exclamó lleno de gozo estrechándole entre sus brazos—. Has cambiado mucho, pero tu soñadora mirada sigue viva en tus ojos.

Los dos hombres estuvieron un buen rato abrazados, balbuceando incongruencias entre lágrimas, mientras los otros los miraban con los ojos empañados.

Al cabo, se separaron y el joven jardinero los invitó a todos a sentarse a la sombra del olivo que se elevaba junto a la cabaña.

El otrora joven de la mirada soñadora, ahora ya un hombre de anchos hombros y correosas manos, le presentó a sus acompañantes. En primer lugar, a su esposa, una hermosa mujer de rasgos exóticos, alta como él, que no dejaba de sonreír a pesar de los esfuerzos que hacía por entender lo que hablaban. Iba con ellos otra pareja extranjera, que no sólo entendían bien el idioma, sino que incluso lo hablaban, siendo capaces de presentarse por sí solos al joven jardinero. Por último, un joven muy alto, apuesto, de cabellos negros ensortijados y cejas prominentes, que había aprendido el idioma del país conviviendo con el hombre de la mirada soñadora y con el propio jardinero. Su desparpajo asombraría al antiguo aprendiz en los días siguientes.

—¿Está aquí el jardinero? —preguntó al fin el de la mirada soñadora—. Partió antes que nosotros y nos dijo que vendría aquí, aunque no nos dijo qué haría después.

—Partió hace casi tres meses —respondió el joven jardinero—, al inicio de la primavera, junto con…, no te lo vas a creer… ¿Te acuerdas de aquella niña de ojos negros que tanto se miraba en el espejo del Manantial de las Miradas?

El hombre de la mirada soñadora se echó hacia atrás y cruzó una mirada con su esposa.

—Por supuesto que me acuerdo —respondió el otro.

—¿Ocurre algo? —preguntó el joven jardinero al percatarse del cruce de miradas entre su amigo y la esposa de éste.

—No, amigo mío, nada que deba inquietarte. El jardinero nos dijo que vendría aquí a recoger a alguien y que, si no estaba ya para cuando llegáramos, siguiéramos sus pasos hasta encontrarlos.

—Veo que hay mucho de qué hablar –dijo el antiguo aprendiz–, pero convendrá primero que os quitéis el polvo del camino, que os deis un baño y os mudéis de ropa. Mientras, mi esposa y yo os prepararemos los lechos y la cena. Sed bienvenidos al jardín.

Y el de la mirada soñadora, poniéndose en pie al tiempo que su amigo, se abrazó a él de nuevo en silencio. Ni los años ni la distancia habían apagado el amor que el jardín había cultivado entre ellos.

Los dos hombres estuvieron abrazados, los corazones juntos, en silencio, durante un largo rato.

La voluntad de vivir

Se reencontraron para la cena bajo el olivo centenario, los viajeros con los cabellos aún húmedos, mientras la Luna, casi llena, los observaba plácidamente desde el cielo. Festejaron el reencuentro con un vino de un color rojo picota, ligeramente áspero, con mucho cuerpo, como el que manaba de las cepas de la región, y se estuvieron poniendo al día en los diversos asuntos de sus vidas. ¡Eran tantos los años y tantas las experiencias que contar!

—¿Cómo fuiste capaz de dar con el jardinero? –preguntó el antiguo aprendiz a su viejo amigo cuando estaban terminando los postres–. Tú no podías saber en qué parte del mundo podría encontrarse; ¡y, sin embargo, diste con él!

—Fue él el que me dio las indicaciones durante meses –respondió el otro–, a través de sueños y ensoñaciones, como ocurrió con el sueño que me llevó a partir en su busca.

—¡Demonio de hombre! –exclamó el joven jardinero meneando la cabeza–. Seguro que el día que se muera nos lo hará saber con un sueño, ¡o incluso presentándose ante nosotros, en persona! –añadió entre risas.

Pero algo pasó de improviso.

El de la mirada soñadora y sus compañeros no acompañaron sus risas. Más bien, al contrario, se mostraban confusos. La dama silenciosa se percató de inmediato de que algo extraño había pasado, mientras a su marido le costó un poco más darse cuenta de ello. Finalmente, el joven jardinero dejó de reír e inquirió con los ojos a su amigo, en silencio.

—¿Acaso no os lo dijo? –preguntó el de la mirada soñadora, incómodo.

—No nos dijo... ¿qué? –preguntó el otro con los ojos muy abiertos.

Su amigo suspiró profundamente mientras se echaba hacia atrás.

—El jardinero que tú conociste... –dijo finalmente con gesto grave, no sabiendo como continuar– ... murió en un país muy lejano... hace ya tres años.

El joven jardinero le mudó el semblante, y sintió la erupción de un volcán en su interior, como si toda su sangre ascendiera por el centro de su cuerpo en un torrente incontenible, mientras una descarga eléctrica recorría su columna vertebral hasta estallar con un fogonazo dentro de su cabeza.

—¡No! –gritó en ese momento, mientras se ponía en pie bruscamente.

Su amigo se levantó raudo y lo abrazó con fuerza contra su pecho, intentando acoger parte de la descarga que amenazaba con colapsarlo.

—¡Pero vive! ¡Está vivo! ¡Está vivo! –le repetía una y otra vez al oído, mientras se le empañaban los ojos, respirando con fuerza–. ¡Tú lo has visto! ¡Está vivo!

La dama silenciosa lo observaba todo con los ojos muy abiertos, atando cabos de pronto al recordar lo sucedido el día aquél en que una telaraña perfecta la tuvo ensimismada durante largo rato con sus brillos bajo los rayos del Sol.

Levantándose también, abrazó a su marido por detrás, mientras le decía quedamente:

—Sí, cariño. Yo me di cuenta de que algo extraño pasaba con él, pero no lo reconocí por no tener la osadía de creer en lo imposible.

Una suave brisa removió las hojas plateadas del olivo, jugando con la luz de la Luna sobre los ojos del joven jardinero. Entonces recordó las palabras de su mentor, aquel día en que le habló de un viejo olivo talado, que había brotado de nuevo unas semanas más tarde.

«Existe una voluntad más fuerte que la de los hombres... –Escuchó en su interior las palabras de su maestro–. ¿Quién puede con la insistente voluntad de vivir?».

Lentamente, su pecho comenzó a hincharse y deshincharse de nuevo, sacándole del caos mental en el que la noticia le había sumido. Sólo entonces, cuando notaron que el cuerpo del joven jardinero se despojaba de la tensión, se disolvió el doble abrazo que había unido al hombre de la mirada soñadora y a la dama silenciosa con el que fuera aprendiz del jardinero. Ambos ayudaron a éste a sentarse de nuevo, para, a continuación, tomar asiento también ellos, mientras la dama guardaba la mano de su marido entre las suyas.

Tras un largo silencio, en el que todos los presentes se sumieron en sus propios recuerdos del singular hombre que había unido sus caminos, el joven jardinero, recuperado el sosiego, se atrevió a preguntar en un susurro:

—¿Cómo sucedió?

El hombre de la mirada soñadora bajó la cabeza, sabiendo que, una vez más, tendría que enfrentarse a recuerdos dolorosos. Unos instantes después, incorporándose y mirando a los ojos a su amigo, le dijo:

—Fue en un lejano país de Oriente, en una región de humildes campesinos, siempre sonrientes, que nos acogieron con cálida hospitalidad durante un par de meses, a cambio de nuestra ayuda en los campos.

»El señor de la región dio en casar a su hija con el vástago de un poderoso príncipe –continuó su explicación– y, queriendo aparentar lo que no tenía, otorgó a su hija como dote de boda miles de yugadas de tierra, la misma tierra de la que se alimentaban y sobrevivían en régimen de arriendo varios cientos de familias en la región.

»Los campesinos protestaron, indicándole al ruin propietario de las tierras que, cuando se les acabasen las reservas, la hambruna caería sobre buena parte de la región. Pero sus protestas fueron vanas, puesto que aquel tipo despreciable se negó no sólo a reducir la dote, sino incluso a buscar solución alguna para aquellas gentes.

»Cuando llegó la temporada seca y a los niños se les hincharon los vientres por el hambre y empezaron a morir, aquellos campesinos estallaron en una revuelta, exigiendo al señor feudal los alimentos que les había negado con su aciaga "magnificencia". Pero aquel bárbaro reprimió las protestas e hizo encarcelar a los hombres, y seguidamente a las mujeres, a las que, aunque no habían participado en el levantamiento, acusó de complicidad en la rebelión.

El joven jardinero bajó la cabeza asintiendo, al recordar que su maestro le había hablado brevemente de aquellos mismos acontecimientos, tras el enfrentamiento que había mantenido con aquel hacendado furioso en el mesón.

—Fue entonces cuando el jardinero acudió al palacio del señor feudal para, haciéndose pasar por un ilustre viajero extranjero, intentar apaciguar al bárbaro para que dejara en libertad a las familias campesinas –continuó el de la mirada soñadora–. Pero algo debió torcerse en la reunión y, a la postre, el bárbaro lo hizo detener también a él y lo metió en sus mazmorras.

»Por los arrieros que entraban y salían del recinto del palacio supimos que los habían torturado a todos, violando incluso a las mujeres; y, pocos días después, un heraldo recorrió las aldeas de la región para anunciar la inminente ejecución de los insurrectos. Aquel necio quería dar un escarmiento general y exigía la presencia de toda la población en el patio exterior del palacio, delante del cadalso.

El hombre de la mirada soñadora ocultó su rostro entre las manos, superado por los recuerdos. El joven jardinero, viendo el sufrimiento de su amigo, posó la mano sobre su hombro y le rogó que, por la amistad que les unía, continuara.

—Permíteme que te ahorre, y me ahorre, los detalles, pues en nada te beneficiará a ti, y a nosotros nos devuelve a los instantes más tremendos de nuestra vida —dijo el otro, tras asomar de nuevo su rostro de entre las manos—. Simplemente te diré que ejecutaron primero a las mujeres, siendo los maridos obligados a contemplar el tormento; y luego ejecutaron a los hombres, dejando al jardinero para el final...

No pudo seguir hablando. Se mordió los labios y bajó la cabeza para ocultar sus lágrimas.

Entre suspiros, añadió:

—Aquella fue... la peor de todas las torturas... a las que le sometieron... Ver morir a todas aquellas personas buenas... mientras sus labios ensangrentados... no dejaban de repetir... «¡Mira por mis ojos! ¡Mira a través de mis ojos!».

»Finalmente, lo ejecutaron a él... y arrojaron su cadáver desde lo alto del cadalso.

Llegado a este punto del relato, todos lloraban en silencio bajo el plateado olivo; unos por el recuerdo directo de los acontecimientos, otros por la recreación de los hechos en su imaginación; mientras el antiguo aprendiz se debatía entre los dos polos de una imponente realización: ¿cómo conjugar en una misma existencia la paz y la belleza del jardín que aquel hombre había construido con sus manos, cómo conjugar la dulzura de sus palabras, con los trágicos acontecimientos que habían llevado a su tortura y muerte a manos de unos desalmados?

«¡Pero está vivo! –se repetía en el corazón el joven jardinero en medio de su estupor–. ¡Lo he visto con mis propios ojos! ¡Está vivo!».

El hombre de la mirada soñadora se puso en pie y, dando unos cuantos pasos hasta salir de la sombra del viejo olivo, levantó la cabeza y se puso a contemplar la Luna en silencio, recordando.

Una suave brisa volvió a agitar la copa plateada del árbol, y todos sintieron que, más allá de las tinieblas del odio y de la muerte, la Vida se imponía a cada instante.

—Cuando nos dejaron recuperar los cadáveres, los depositamos todos juntos en el viejo cobertizo de una de las aldeas –continuó su relato el de la mirada soñadora sin dejar de mirar a la Luna–, y, poco a poco, las gentes de las aldeas comenzaron a incinerar los cuerpos de sus familiares. Pero, dos días más tarde, cuando fuimos a buscar el cuerpo del jardinero para honrar su memoria y entregarlo a las llamas, nos encontramos con que su cadáver había desaparecido.

»Pensamos que quizás las alimañas hubiesen robado su cuerpo y, tras varios días buscándolo en vano, pensamos que él se hubiera sentido feliz de servir de alimento a otros seres y partimos de la región con el alma sumida en la confusión, desorientados, sin saber qué hacer con nuestra vida a partir de aquel momento. Hasta que, pocos días después, el jardinero se presentó una noche en una solitaria majada de pastores, donde habíamos buscado refugio y habíamos encendido un fuego para protegernos del frío de las montañas.

Una leve sonrisa amaneció en los rostros congestionados por el llanto, mientras la dama silenciosa apretaba la mano de su marido contra su pecho.

—Al principio pensamos que era una aparición de su espíritu —continuó el de la mirada soñadora—, pues se hizo presente de improviso entre nosotros. Pero luego constatamos que podíamos tocarle y abrazarle, si bien era capaz de aparecerse o desaparecer como un fantasma. Parecía mucho más joven, y más delgado de rostro, y de las terribles heridas de su tortura y ejecución no había ni rastro.

»Al renunciar a su vida, intentando salvar la vida de sus amigos campesinos, la Vida había tomado posesión de su cuerpo, convirtiéndolo en un cuerpo-aliento, en un cuerpo sutil imperecedero, capaz de cabalgar ambos mundos.

El joven jardinero recordó entonces las palabras de su mentor el día en que, junto a la joven de los ojos negros, había ido a comunicarles que partirían en breve. Recordó que el jardinero había equiparado su despertar espiritual con la bellota que súbitamente se percata de que es un roble, para decirle a continuación que eso no era más que el principio del camino, que luego toca convertirse en roble, en una transformación profunda de cuerpo, alma y espíritu.

—Si la bellota no acepta su sacrificio como bellota, ¿cómo se convertirá en roble? —remató sus recuerdos en un murmullo el joven jardinero.

—Sí, mi querido amigo —dijo el de la mirada soñadora, observándole desde el foco que la luz de la Luna situaba sobre él–. Algo parecido a eso nos dijo el jardinero: «Si la oruga no se deja llevar por su naturaleza, a sabiendas de que el capullo que está tejiendo supondrá su muerte, ¿cómo adquirirá las hermosas alas de colores que la convertirán en mariposa?».

»Hay un profundo misterio en los procedimientos de la naturaleza –continuó–. Pero, como nos dijo el jardinero en aquellos primeros días, ni la bellota ni la oruga son conscientes de las fuerzas ni de la sabiduría que las convierten en roble y mariposa. "Consagrad vuestra vida al bien de todo", nos dijo, "haced sagrada vuestra vida buscando el bien de todos los seres, y el Gran Misterio obrará en vosotros el prodigio sin siquiera daros cuenta".

—¿Y qué os contó de aquélla a la que vino a buscar al jardín? –preguntó la dama silenciosa saliendo de su mutismo, deseando saber más del destino de la amiga a la que tanto había llegado a amar.

—El jardinero sólo nos dijo que se iba a adelantar para recoger a alguien aquí, una persona que, según él, será decisiva en los trabajos que él anticipa –respondió el de la mirada soñadora–. Él nos dijo que, desde que partió del jardín en la primera ocasión, sabía que tendría que regresar a por alguien, pues se le había dicho en aquella lejana visión que tuvo en el bosque viejo. No contaba con que moriría en el viaje, pero ése fue otro motivo para regresar con su nuevo cuerpo e ir en busca de ella.

»Algo en mi corazón me decía que el jardinero había vuelto a por la niña de los ojos negros, que, a la sazón, debía ser ya una mujer y debía hallarse en disposición de tomar sus propias decisiones. Y, por lo visto, no me equivoqué.

»También nos dijo que se anticipaban movimientos importantes en la comunidad de todos los seres, y que debía volver aquí a la espera de instrucciones.

Y añadió con una sonrisa:

—De modo que supongo que vosotras también tenéis muchas cosas que contarnos.

Y la noche transcurrió con un incesante intercambio de información, de relatos, experiencias y anécdotas, mientras la Luna escuchaba en silencio desde el cielo hasta ocultarse por el horizonte poco antes del amanecer.

Tras las huellas del jardinero

Durante casi dos semanas, los viajeros estuvieron disfrutando del jardín y de sus seres, reposando y regenerando sus cuerpos tras el largo viaje que les había traído hasta allí.

El hombre de la mirada soñadora rememoró sus tiempos de juventud, reconstruyendo la íntima amistad que había tenido con aquel joven aprendiz de jardinero al que había conocido más de veinte años atrás. Al igual que entonces, el joven jardinero encontraba muchas veces a su amigo escribiendo poemas junto al Manantial de las Miradas, o contemplando la Luna y las estrellas con la espalda apoyada en la piedra de la alberca. Y cada mañana, una vez nutrido del silencio de su corazón junto al manantial, como había sido su hábito de antaño, el soñador partía en busca de su amigo jardinero para ayudarle en cualquiera de las faenas que estuviera precisando el mantenimiento del jardín, faenas que juntos habían abordado tan eficazmente en el pasado.

El de la mirada soñadora intentó compartir también con su esposa la magia y el misterio del manantial, y ella llegó a vislumbrar, más allá del reflejo de sus ojos en la alberca, lo que el jardinero había pretendido que todo el mundo viera desde mucho antes de que ella lo conociera.

Al atardecer, ambos solían buscar el solaz del Sol poniente y el aroma del jazmín en el templete de los atardeceres, mientras conversaban de lo que el futuro pudiera depararles cuando se encontraran de nuevo con el jardinero.

En cuanto a la otra pareja y al joven alto del cabello ensortijado, descubrieron que, realmente, el jardín tenía su propio espíritu, tal como les había dicho el soñador durante años. Buscaban sus momentos de recogimiento en los lugares más silenciosos del vergel, allí donde la vegetación era más cerrada, pero también dedicaban parte de su tiempo a ayudar al joven jardinero y a la dama silenciosa en sus quehaceres, preguntando insistentemente al primero sobre las enseñanzas que el jardinero le había transmitido en los tiempos en que fue su aprendiz.

Sin embargo, con el transcurso de los días, un vínculo muy estrecho se fue formando entre el actual jardinero y el joven del cabello ensortijado. El desparpajo y la locuacidad del joven no sólo le resultaban fascinantes al sucesor del jardinero, sino que también despertaban en él un sentimiento entrañable, como el que hubiera podido sentir por un hijo en la flor de la vida, deseoso de descubrir los senderos vitales que el jardinero le había mostrado a él. Por su parte, el joven también estableció un vínculo afectivo especial con el actual cuidador del vergel, así como cierta pasión por el oficio de la jardinería. De hecho, una tarde, mientras plantaban verbenas junto a las borduras de un camino, el joven del cabello ensortijado le preguntó al actual jardinero si le aceptaría como aprendiz en su jardín.

Al sucesor del jardinero se le empañaron los ojos al escuchar al joven, viendo cómo la vida proseguía su curso, inaugurando nuevos ciclos, reiterando arquetipos de relaciones y procesos, abriendo nuevas avenidas por las que discurrir hasta más allá de lo alcanzado en el ciclo anterior. Claro está que el joven jardinero aceptó encantado la propuesta del muchacho y lo tomó a su cargo y cuidado, como el jardinero había hecho con él tantos años atrás.

Finalmente, la inminencia de la Luna nueva recordó a los viajeros que había llegado el momento de reemprender su andadura.

Comenzaron a hacer los preparativos para el viaje sin haber recibido aún indicación alguna del jardinero en sueños o ensoñaciones, mientras el joven extranjero de cabellos ensortijados comunicaba a sus compañeros que él permanecería en el jardín durante un tiempo más. Se entristecieron por su decisión, pero se sintieron aliviados también al comprender que el jardín debía tener alguna misión especial que cumplir en el desarrollo de los acontecimientos cuando se iniciaba un nuevo ciclo de custodia en él.

No por casualidad, el día antes de aquél establecido para la partida, el hombre de la mirada soñadora tuvo un sueño en el que el jardinero, con un aspecto tan joven como el suyo, le tomaba por el hombro y caminaban juntos en dirección a un fabuloso Sol poniente.

—Tenemos que caminar hacia el oeste –le dijo a su esposa al despertar, cuando las primeras luces del día despuntaban.

Y con el Sol del amanecer iluminando sus rostros, los cuatro viajeros se despidieron conmovidos de sus amigos, los custodios del jardín, y partieron tras las huellas del jardinero, hacia los nuevos horizontes que éste estaba ya pergeñando en su alma.

Y sus sombras, bien a la vista, los precedieron en el nuevo camino, mientras el Espíritu del Viento enviaba a sus silfos del ponto para que empujaran suavemente las velas de sus espaldas y les susurraran al oído nuevas historias que contar.

Transfiguración

La muchacha del cabello rojo se asomó al espejo de la alberca, al espejo del Misterio. Y, esta vez, ni siquiera vio sus ojos.

Vio una llanura blanca, y en medio de ella a un hombre con el aspecto del jardinero, pero distinto..., y sin embargo él. Y supo que el hombre la miraba desde más allá de las generaciones vivas, desde más allá incluso de su mundo. Y, a través de su mirada, el hombre le habló con voz dulce, sin mover los labios.

Le habló del puente entre los mundos.

Le habló del no-tiempo, y de un pasado que nunca fue una historia inmutable.

Le habló de la esperanza... Esperanza sublimada, absoluta, más allá de toda duda.

Le habló de cómo la Belleza transfiguró el mundo.

Y el hombre levantó una mano y le mostró una mariposa grande de alas azules iridiscentes, y la mariposa echó a volar desde su mano... y todo se inundó de Luz.

Cuando la muchacha apartó sus ojos de la alberca, el agua del Manantial de las Miradas irradiaba una luz cegadora.

Lágrimas de gozo brotaban de sus ojos cuando sus labios musitaron:

—El pasado cambió... y sembramos las semillas de un nuevo futuro.

Notas finales

U no no escribe. Le escriben. O quizás, como mucho, uno participa creativamente en la escritura de alguien –el «benefactor» del cuento del jardinero, el *Self* de Jung, la Naturaleza Perfecta de Sohravardi–, que va indicando los sucesivos pasos de la obra. Tu mayor mérito es hacer de puente –*pontifex*– entre dos mundos.

Cuando empecé a escribir este libro, tenía unas pocas ideas claras (había tenido mucho tiempo para, al menos, recibir algunas ideas), pero, en gran medida, no sabía qué cosas iban a ocurrir y hacia dónde iba a derivar la historia. Me he ido sorprendiendo, debo confesarlo, a medida que la narración iba tomando forma.

Fue así desde un principio, cuando escribí *El jardinero* (1996), primer libro de esta trilogía, *El ciclo del jardín,* que nos sorprendió a todos al convertirse en un *best seller* internacional. Y también con *El Manantial de las Miradas* (2000), el segundo libro. Nunca supe cómo acabarían estos libros en el momento de empezar a escribirlos.

Después, han pasado más de veinte años hasta que ese alguien que le escribe a uno decidió que había que cerrar *El ciclo del jardín.* Lo que no me esperaba es que fuera a dejar cabos sueltos, como si su intención fuera iniciar un nuevo ciclo de relatos cortos, o quizás incluso una novela. Sospecho que ese «benefactor», ese *artifex* que me escribe –un «operario» del Alma del Mundo–, está inmerso en un importante trabajo de transformación en el que utiliza la imaginación literaria como arte.

Con todo esto quiero decir que no sé si los relatos del jardinero continuarán de algún modo o no, o incluso si lo harán a través de otro *pontifex* que no sea Grian, pues da la impresión de que me hallo inmerso en un proceso mitopoético (de *mitopoiesis,* «creación narrativa») que me supera, como el que dio lugar al mito del Grial entre los siglos XII y XIII, con autores como Chrétien de Troyes, Robert de Boron y Wolfram von Eschenbach, entre otros. (No, no pretendo comparar mi obra con un mito que cambió el curso de la historia en Europa. Léase a Joseph Campbell).

En última instancia, y por mucho que asombre a los nietos de la Ilustración, los hilos no se mueven desde este mundo, sino desde lo que Carl Gustav Jung dio en llamar el inconsciente colectivo.

Por lo pronto, Donald Smith, narrador de historias, dramaturgo y novelista escocés, director del Scottish International Storytelling Festival, fundador y primer director del Teatro Nacional de Escocia, reelaboró con el personaje del jardinero en uno de sus libros más recientes, *Folk Tales from the Garden (Cuentos populares desde el jardín)* (2021). Aquí, el jardinero –al que Donald me hizo el honor de ponerle mi nombre– aparecía en dos de sus relatos cortos, «Grian and Auld Goggie» (pp. 148-153) y «Evergreen» (pp. 184-187). De estos dos relatos, uno lo has podido leer en estas páginas, en el fragmento titulado «La grosella espinosa», aunque narrando los sucesos desde mi punto de vista.

Y se me ocurre pensar que cuando un personaje se te escapa de las manos y entra en el mundo imaginal de otro autor es porque se ha investido del poder de un arquetipo, y eso quizás signifique que tiene una historia que contar y un papel que cumplir dentro del inconsciente colectivo humano.

Así pues, como *pontifex,* como *chakaruna* –que es el nombre que se da al constructor de puentes entre mundos en algunos pueblos originarios de Abya Yala (América Latina)–, no tengo más remedio que quedar a la espera de lo que mi «benefactor», mi Naturaleza Perfecta, disponga. A la vista de cómo acaba este libro, pienso que quizás tenga dispuesto escribir uno o más libros sobre las andanzas de tantos personajes como han aparecido en *Retorno al jardín.* Parece que todo apunta a un trabajo colectivo de arquetipos en el *mundo imaginal* (el equivalente al inconsciente colectivo, pero tal como lo definió el filósofo francés e islamólogo Henry Corbin). Pero confieso que, en estos momentos, no tengo ni idea de por dónde irá esta narración constructora de realidades a partir de aquí. Lo que sí es evidente que incluye es un proceso individual, y quizás colectivo, de construcción de lo que en el misticismo y la alquimia occidental denominaron «cuerpo de resurrección» y que en el taoísmo y la alquimia oriental llamaron «cuerpo de diamante». Esto quizás explique las similitudes con el simbolismo mítico cristiano que se hayan podido discernir, del mismo modo que el mito del Grial se construyó sobre una mitología previa del inconsciente colectivo humano, la mitología celta.

Antes de terminar, quiero señalar que el relato «Maldito cuervo», en estas páginas, está basado en un hecho real que circula por las redes sociales en forma de vídeo, en el que un cuervo ayuda a un erizo a cruzar una carretera en quién sabe qué parte de nuestro actual mundo, obligando a los automóviles a detenerse.

Sólo me resta dar aquí las gracias a Anna Mañas, mi «benefactora» en Ediciones Obelisco, y a mi editor, Juli Peradejordi, que en 1995 confió en el jardinero por una corazonada, y que, en 2023, en cuanto supo que el tercer libro estaba derramándose desde el otro mundo, propuso de inmediato no sólo su publicación, sino la publicación de una nueva edición de los dos primeros libros de *El ciclo del jardín*. Bien puedo decir que soy afortunado.

Acerca del autor

G rian (Grian A. Cutanda, n. 1957) ha escrito 18 libros –8 obras de ficción, 7 ensayos y 3 libros-CD de poesía mística de diversas tradiciones espirituales–, algunos de ellos traducidos a 14 idiomas. También ha escrito un buen número de capítulos de libros y artículos académicos a petición de universidades españolas y extranjeras. Grian tiene un doctorado *Cum Laude* en Educación Social por la Universidad de Granada (España), un máster universitario en Innovación e Investigación en Educación por la UNED, y una licenciatura en Psicología por la Universidad de Valencia.

Además de sus extensos antecedentes espirituales y místicos, Grian es investigador en ciencias sociales, traductor, actor, músico y activista, y ha consagrado su vida al intento de dejar un mundo un poco mejor del que se encontró.

Como activista, tras su paso por el Movimiento de los Indignados-15M en Valencia, fue uno de los organizadores de la campaña climática en Edimburgo, Escocia, en 2014 y 2015, y fue una de las personas que puso en marcha el movimiento social Extinction Rebellion en España y el mundo de habla hispana, involucrándose posteriormente en diferentes plataformas y campañas globales, como Shale Must Fall y Debt for Climate.

Pero su activismo medioambiental se llegó a hacer notorio internacionalmente cuando, en septiembre de 2021, mantuvo una huelga de hambre de 33 días dentro de la campaña Global Earth Fast organizada por Extinction Rebellion desde Gran Bretaña. Esto le convirtió, junto a la activista irlandesa Karen Killeen, en una de las dos personas que más tiempo ha estado en huelga de hambre contra el cambio climático en el mundo.

Fundador de la ONG educativa y activista Avalon Project-Initiative for a Culture of Peace, Grian dirige desde aquí una iniciativa global basada en sus investigaciones: The Earth Stories Collection (la Colección de Historias de la Tierra), un banco global de mitos, leyendas y cuentos tradicionales de todo el mundo capaces de transmitir una visión del mundo sistémica y sostenible, basada en la justicia social y económica, y por tanto capaz de ilustrar los principios y valores de la Carta de la Tierra. A este respecto, está trabajando también en colaboración con el Secretariado de Carta de la Tierra Internacional y con el Scottish International Storytelling Festival, en la difusión de estas historias, principalmente a través de la creación de una red global de *storytellers* activistas: Earth Story Tellers.

Desde 2021, Grian está impartiendo cursos *online* como miembro del claustro docente de Carta de la Tierra Internacional, en la Universidad para la Paz de las Naciones Unidas, en Costa Rica.

Retorno al jardín es el tercer libro de la trilogía *El ciclo del jardín,* inaugurada con su *best seller El jardinero,* publicado en 1996 por Ediciones Obelisco, y continuada con *El Manantial de las Miradas,* publicado en esta misma editorial en el año 2000.

El jardinero ha alcanzado las 26 ediciones en castellano, y ha sido traducido al italiano, alemán, coreano, inglés (por Thorsons-HarperCollins, 1998), tailandés, chino, catalán, portugués, turco, ucraniano y letón. En breve, será publicado también en francés y neerlandés.

Muchos lectores han descrito *El jardinero* como un «libro de cabecera» o de «mesita de noche», y se ha utilizado con fines educativos tanto en centros de educación primaria como secundaria, tanto para estudiantes no adscritos a creencia alguna como para estudiantes de afiliación judía, budista y cristiana.

Índice